中等职业院校航空服务专业规划教材

U0686938

中国航空旅游地理

主　编　吕松涛

副主编　赵微微

中国民航出版社

图书在版编目（CIP）数据

中国航空旅游地理 / 吕松涛主编. —北京：中国民航出版社，
2019.6

ISBN 978-7-5128-0700-6

Ⅰ.①中… Ⅱ.①吕… Ⅲ.①旅游地理学 - 中等专业
学校 - 教材 Ⅳ.① F592.99

中国版本图书馆 CIP 数据核字（2019）第 128261 号

中国航空旅游地理

吕松涛 主编

责任编辑	杨玉芹	
出　　版	中国民航出版社（010）64279457	
地　　址	北京市朝阳区光熙门北里甲 31 号楼（100028）	
排　　版	中国民航出版社录排部	
印　　刷	北京博海升彩色印刷有限公司	
发　　行	中国民航出版社（010）64297307　64290477	
开　　本	787×1092　1/16	
印　　张	15	
字　　数	351 千字	
版 印 次	2019 年 9 月第 1 版　2019 年 9 月第 1 次印刷	

书　　号	ISBN 978-7-5128-0700-6
定　　价	49.90 元

官方微博　http://weibo.com/phcaac
淘宝网店　https://shop142257812.taobao.com
电子邮箱　phcaac@sina.com

中等职业院校空中乘务专业系列教材
企业专家指导委员会名单

吕松涛（北京翔宇通用航空集团董事长）

张玉香（中国国际航空公司原主任乘务长、翔宇航空学院高级顾问、翔宇航空技工学校高级顾问）

崔金生（民航华北地区管理局飞标处原副处长、北京翔宇通用航空有限公司高级顾问）

宋伍满（中国民用航空北京安全监督管理局飞标处原处长、翔宇航空学院高级顾问、翔宇航空技工学校高级顾问）

刘卫国（民航华北地区管理局人劳处原处长）

刘　韧（北京南苑机场安检站副站长）

林卫东（桂林两江国际机场安检站副站长）

李建宗（中国国际航空公司地服部原指挥长）

曹金命（北京首都国际机场原安检站培训主管、安检鉴定专家，翔宇航空学院高级顾问、翔宇航空技工学校高级顾问）

许　平（中国国际航空公司原主任乘务长、翔宇航空学院高级顾问、翔宇航空技工学校高级顾问）

张根立（陆军航空兵学院飞行训练基地原主任、陆军航空兵学院原副院长、北京翔宇通用航空有限公司总经理）

霍海亮（空军第四飞行学院飞机发动机专业原主任、副大队长，海南航空学校有限责任公司原维修工程部总经理，北京航盾飞机维修有限公司总经理）

彭　辉（北京飞机维修有限公司原高级工程师、北京航盾飞机维修有限公司副总经理）

本书编写组

主　编：吕松涛

副主编：赵微微

编写组成员：（按姓氏笔画排序）

毛瑞雪　冯子君　刘晓敏　李　响

张火星　范文婧　梁修涛　葛　妍

序 言

　　本系列教材是为了适应当前我国民用航空业的快速发展需要，响应国家教育部门关于办好职业教育的伟大号召，更好地培养民用航空优秀人才而编写的。在各种交通运输方式中，民航业有其鲜明的行业特点，集中体现高端的科学技术水平，具有国际化和跨地域经营的特点。这就要求从业人员具有较高的职业素养和专业水平。伴随着中国民航的高质量发展，行业发展对民航人才的要求越来越高，这就更加要求民航从业者要努力学习业务知识，提高自身业务能力，才能在航空服务的激烈竞争中立于不败之地。

　　本系列教材在编写过程中坚持教育与行业需求紧密结合的正确理念，在内容的设计和编排上紧密贴合岗位需求。本系列教材由航空公司资深乘务专家和高等院校多年从事教育工作、经验丰富的教师合作完成，体现了教育改革的创新理念，更具有科学性、创新性和实用性。编者在总结教学实践经验的同时又做了大量的调研工作，并结合中等职业院校教学的规律和学生的特点，对知识进行了整合，既有理论又有实操，而且更加注重学生技能的训练。

　　本系列教材包括《民航基础知识》、《中国航空旅游地理》、《民航服务礼仪基础》和《民航服务英语口语实务》等，均侧重于理论知识的学习，重点培养学生的专业能力。本系列教材的编写和出版，得到了北京翔宇通用航空集团、翔宇学院以及廊坊市翔宇航空技工学校各方面的大力支持与帮助，在此表示感谢。

　　由于时间紧、任务重，编者水平有限，书中难免有不足之处，欢迎广大读者和专家批评指正。

"中等职业院校航空服务专业规划教材"编写委员会

2019 年 6 月

前　言

我国现代旅游业一直处于持续、快速发展之中，因此为之服务的中国旅游地理教材建设也要与时俱进，不断创新。为了结合我校民航特色，把握住时代的脉搏，较好地处理继承性与创新性、现实性与前瞻性、科学性与实用性等关系问题，故成立编写小组，编写了本教材。

全书分为 10 章，前两章集中阐述地理常识和航空运输的基础知识；后八章主要分为八大旅游区，分别从区域概述、重要空港城市及机场、重要航线及航空公司、重要旅游景点和风土人情五个部分进行阐述。

本教材内容力求生动全面又简明扼要，不仅是学习的指导书，也是了解民航的重要资料。由于从学习和丰富航空地理知识出发进行编写和设计，所以本教材适合民航类专业学生学习，也适合旅游爱好者阅读。本教材中的航空地理基础知识简单实用，重要旅游景点、重要空港城市及机场、重要航线极具代表性，风土人情中的传统习俗和特色美食，更能激发学生学习的兴趣，因此本教材是实用性与趣味性并存。

本着科学、生动地展示教学内容，有效地服务课堂的原则，本教材在适当位置设置了"知识拓展"，对教材内容进行有效补充；针对课堂内容设置了"课堂活动"，引发学生积极思考，增加师生互动，活跃教学气氛。

本教材的编写和定稿，全书百余张图片的筛选、更新等工作的完成，得益于全体编写组成员的共同努力。本教材在编写过程中，尽力搜集最新资料，更好地反映旅游业和民航业的最新信息，精心选择插图，以利于知识的形象化和立体化。其中，赏心悦目的图片，对学生也是美的陶冶，使学生对知识的讲解具有直观感受，便于掌握。

本教材在编写过程中，借鉴了许多业内专家、学者的经典理论和著作、资料，并参考了许多网站的资料和图片，在此向相关部门和人员表示衷心的感谢。

由于本教材涉及面较广，加之编写人员水平有限，书中难免存在疏漏和不足之处，敬请专家、读者批评指正，提出宝贵的意见和建议，使教材日臻完善。

编　者

2019 年 7 月

目 录

序　言
前　言

第一章　地球的基本知识 ·· 1

　第一节　地球的基本数据与坐标 ··· 1

　第二节　地球的运动 ··· 2

　第三节　时间与时差 ··· 5

　第四节　地图 ·· 6

　第五节　航空气象要素对飞行的影响 ··· 8

第二章　航空运输布局 ·· 9

　第一节　影响航空运输布局的因素 ··· 9

　第二节　中国航空运输的基本布局 ··· 11

　第三节　中国经济区划与航空区划 ··· 15

第三章　今腔古韵　神奇华北 ··· 17

　第一节　区域概述 ··· 17

　第二节　重点城市及机场 ·· 18

　第三节　重要航线及航空公司 ·· 24

　第四节　重要旅游景点 ·· 25

　第五节　风土人情 ··· 36

第四章　诗画山水　风景华东 ··· 45

　第一节　区域概述 ··· 45

　第二节　重点城市及机场 ·· 47

　第三节　重要航线及航空公司 ·· 56

　第四节　重要旅游景点 ·· 57

第五节　风土人情 ……………………………………………………… 78

第五章　人杰地灵　独秀中南 ………………………………………… 88

第一节　区域概述 ……………………………………………………… 88
第二节　重点城市及机场 ……………………………………………… 89
第三节　重要航线及航空公司 ………………………………………… 96
第四节　重要旅游景点 ………………………………………………… 97
第五节　风土人情 …………………………………………………… 109

第六章　民族绽放　异彩西南 ……………………………………… 121

第一节　区域概述 …………………………………………………… 121
第二节　重点城市及机场 …………………………………………… 122
第三节　重要航线及航空公司 ……………………………………… 130
第四节　重点旅游景点 ……………………………………………… 131
第五节　风土人情 …………………………………………………… 142

第七章　大美边塞　人文西北 ……………………………………… 149

第一节　区域概述 …………………………………………………… 149
第二节　重点城市及机场 …………………………………………… 150
第三节　重要航线及航空公司 ……………………………………… 157
第四节　重点旅游景点 ……………………………………………… 158
第五节　风土人情 …………………………………………………… 167

第八章　冰雪林海　别样东北 ……………………………………… 174

第一节　区域概述 …………………………………………………… 174
第二节　重点城市及机场 …………………………………………… 175
第三节　重要航线及航空公司 ……………………………………… 178
第四节　重要旅游景点 ……………………………………………… 179
第五节　风土人情 …………………………………………………… 187

第九章　大漠风情　歌舞新疆 ……………………………………… 192

第一节　区域概述 …………………………………………………… 192
第二节　重点城市及机场 …………………………………………… 193
第三节　重要航线及航空公司 ……………………………………… 199
第四节　重要旅游景点 ……………………………………………… 201

　　第五节　风土人情 ·· 206

第十章　中西交汇　传承港澳台 ······························· 211

　　第一节　区域概述 ·· 211

　　第二节　重点城市及机场 ································ 212

　　第三节　重要航线及航空公司 ······················ 217

　　第四节　重要旅游景点 ··································· 218

　　第五节　风土人情 ·· 223

参考文献 ·· 230

第一章　地球的基本知识

【学习目标】
1. 掌握地球自转和公转的周期。
2. 掌握时差的基本运算。
3. 了解航空气象对飞行的影响。

宇宙是个大迷宫，地球则是个万花筒，奇妙无穷，神秘莫测。大约在 46 万年前，太阳星云开始分化出原始地球，原始地球因重力分异和放射性元素蜕变，温度日渐升高，当内部物质增温达到熔融状态时，比重大的亲铁元素加速向地心下沉，成为铁镍地核，比重小的亲石元素上浮组成地幔和地壳，更轻的液态和气态成分，通过火山喷发溢出地表，形成原始水圈和大气圈。

第一节　地球的基本数据与坐标

地球是太阳系八大行星之一（2006 年冥王星被划为矮行星，因为其运动轨迹与其他八大行星不同）（见图 1.1），按离太阳由近及远的次序排为第三颗。它有一个天然卫星——月球，二者组成一个天体系统——地月系。地球作为一个行星，远在 46 亿年以前起源于原始太阳星云。地球会与外层空间的其他天体相互作用，包括太阳和月球。

地球是上百万生物的家园，包括人类，也是目前宇宙中已知存在生命的唯一天体。地球形状是一个两极部位略扁的不规则的球体，赤道半径 6378.137 千米，极半径 6356.752 千米，平均半径约 6371 千米，赤道周长大约为 40076 千米。地球上 71% 为海洋，29% 为陆地，所以在太空上看地球呈蓝色。地球是目前发现的星球中人类生存的唯一星球。

地球自转轴穿过地心，与地球表面相交于两点。指向北极星附近（即北方）的一点叫北极；与北极相反的一点叫南极。在地球仪上，我们看到两条相对的经线可以组成一个大圆圈，叫作经线圈。任何一个经线圈，都可以把地球等分成两个半球。国际上习惯用 20°W 和 160°E 的经线圈，作为划分东、西半球的界线。因为这一经线圈基本上在大洋通过，避免把非洲和欧洲的一些国家分在两个半球上。

经纬度是经度与纬度的合称，组成一个坐标系统，称为地理坐标系统。它是一种利用三度空间的球面来定义地球上的空间的球面坐标系统，能够标示地球上的任何一个位置。

纬线和经线一样是人类为度量方便而假设出来的辅助线，定义为地球表面某点随地球自转所形成的轨迹。任何一根纬线都是圆形而且两两平行。纬线的长度是赤道的周长乘以纬线的纬度的余弦，所以赤道最长，离赤道越远的纬线，周长越短，到了两极就缩为 0。从赤道向北和向南，各分 90°，称为北纬和南纬，分别用"N"和"S"表示（见图 1.2）。而经线也称子午线，和纬线一样是人类为度量方便而假设出来的辅助线，定义为地球表面连接南北两极的大圆线上的半圆弧。任两根经线的长度相等，相交于南北两极点。每一根经线都有其相对应的数值，称为经度，经线则指示南北方向。

图 1.1　地球

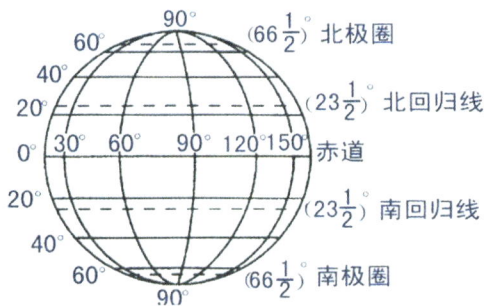

图 1.2　地球的经纬度

课堂活动　说一说你对地球有哪些了解。

第二节　地球的运动

地球的自转轴称为地轴，地球绕地轴自西向东地自转，平均角速度为每小时转动

15°。在地球赤道上，自转的线速度大约是每秒 465 米。天空中各种天体东升西落的现象都是地球自转的反映。人们最早利用地球自转作为计量时间的基准。自 20 世纪以来，由于天文观测技术的发展，人们发现地球自转是不均的。1967 年，国际上开始建立比地球自转更为精确和稳定的原子时。由于原子时的建立和采用，地球自转中的各种变化相继被发现。现在天文学家已经知道地球自转速度存在长期减慢、不规则变化和周期性变化。

一、地球的自转

地球一刻不停地由西向东旋转，从北极上空俯视地球，其呈逆时针方向旋转，相反，从南极上空望去，则呈顺时针方向旋转。地球自转，只是在描述地球自身绕日运行的姿态，它相对于太阳的位置而言，每 24 小时旋转一周；相对于恒星的位置而言，每 23 小时 56 分旋转一周，这是现行时间标量的依据，是太阳日和恒星日日长的由来，也是地球出现朝、昼、暮、夜的原因。"地球自转"这一概念揭示的是"地球在自转"这一自然现象。地球自转是指地球绕自转轴自西向东的转动。地球自转是地球的一种重要运动形式，自转的平均角速度为 7.292×10^{-5} 弧度／秒，在地球赤道上的自转线速度为 465 米／秒。一般而言，地球的自转是均匀的，但精密的天文观测表明，地球自转存在着三种不同的变化。地球自转一周耗时 23 小时 56 分，约每隔 10 年自转周期会增加或者减少 3‰至 4‰秒。

其实，古希腊的费罗劳斯、海西塔斯等人早已提出过地球自转的猜想，我国战国时代《尸子》一书中就已有"天左舒，地右辟"的论述，而对这一自然现象的证实和它被人们所接受，则是在 1543 年哥白尼日心说提出之后。

然而，地球为什么会自转？自转的原因是什么？自转的动力从哪里获得？为什么选择现在的方向、姿态、速度自转？这些都是现代科学至今没有解决的问题。它不是要求去重复说明"地球在自转"这种已被证实的自然现象，而是要求弄清楚地球自转现象背后的原因，以及地球自转的动力来源及其制约因素。

"地球自己转"已经说明地球自转的原因，它要肯定的是：地球自转的动力在于"自己"，即在于地球内部而不是外部，在于自身具有的内力而不是外力。否定"地球自己转"并不是否定"地球在自转"这一现象，而是否定地球内部有推动自己旋转的动力，如同水磨旋转的动力并不在于磨体内部一样。故"地球在自转"不等于"地球自己转"，它们是两个不同的概念，若把两者等同起来，便是一种"误等"。

地球自转一周的时间是 1 日，如果以距离地球遥远的同一恒星为参照点，则一日时间的长度为 23 时 56 分 4 秒，叫作恒星日，这是地球自转的真正周期。如果以太阳为参照点，则一日的时间长度为 24 小时，叫作太阳日，这是我们通常使用的地球自转周期。地球的自转如图 1.3 所示。

地球的自转　　　　　　　　　　地球的自转

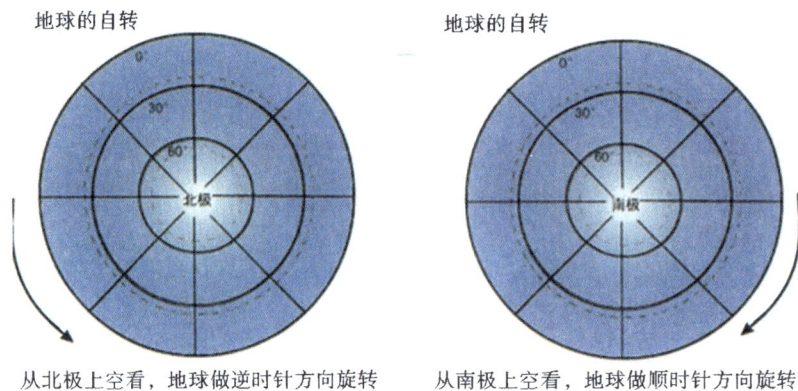

从北极上空看，地球做逆时针方向旋转　　　从南极上空看，地球做顺时针方向旋转

图 1.3　地球的自转

【知识拓展】

恒星日

　　子午线两次对向同一恒星的时间间隔叫作恒星日，恒星日是以遥远的恒星为参考系，是地球自转 360° 的周期，为 23 小时 56 分 4 秒。简单地说，恒星日是地球自转周期。

　　由于地球围绕太阳公转抵消掉一个太阳日，于是平年有 366 个恒星日，有 365 个太阳日；闰年有 367 个恒星日，有 366 个太阳日。

二、地球的公转

　　地球环绕太阳的运动称为地球公转。因为同地球一起环绕太阳的还有太阳系的其他天体，太阳是它们共有的中心天体，故被称为"公"转。地球的公转也有其自身的规律。地球公转的平均角速度就是每年 360°，也就是经过 365.2564 日地球公转 360°。地球公转速度的变化，是造成地球上四季不等长的根本原因。地球公转周期是一年。

　　地球公转是一种周期性的圆周运动，因此，地球公转速度包含着角速度和线速度两个方面。如果我们采用恒星年作为地球公转周期的话，那么地球公转的平均角速度就是每年 360°，也就是经过 365.2564 日地球公转 360°，即每日约 0.986°，亦即每日约 59′8″。地球轨道总长度是 9.4 亿千米，因此，地球公转的平均线速度就是每年 9.4 亿千米，也就是经过 365.2564 日地球公转了 9.4 亿千米，即每秒钟 29.8 千米，约每秒 30 千米。

　　依据开普勒行星运动第二定律可知，地球公转速度与日地距离有关。地球公转的角速度和线速度都不是固定的值，随着日地距离的变化而改变。地球在过近日点时，公转的速度快，角速度和线速度都超过它们的平均值，角速度为 1°1′11″ / 日，线速度为 30.3 千米 / 秒；地球在过远日点时，公转的速度慢，角速度和线速度都低于它们的平均值，角速度为 57′11″ / 日，线速度为 29.3 千米 / 秒。地球于每年 1 月初经过近日点，7

月初经过远日点，因此，从 1 月初到当年 7 月初，地球与太阳的距离逐渐加大，地球公转速度逐渐减慢；从 7 月初到来年 1 月初，地球与太阳的距离逐渐缩小，地球公转速度逐渐加快。

我们知道，春分点和秋分点对黄道是等分的，如果地球公转速度是均匀的，则视太阳由春分点运行到秋分点所需要的时间，应该与视太阳由秋分点运行到春分点所需要的时间是等长的，各为全年的一半。但是，地球公转速度是不均匀的，则走过相等距离的时间必然是不等长的。视太阳由春分点经过夏至点到秋分点，地球公转速度较慢，需要 186 天多，长于全年的一半，此时是北半球的夏半年和南半球的冬半年；视太阳由秋分点经过冬至点到春分点，地球公转速度较快，需要 179 天，短于全年的一半，此时是北半球的冬半年和南半球的夏半年。由此可见，地球公转速度的变化，是造成地球上四季不等长的根本原因。

课堂活动　结合生活中的现象，说一说地球的运动规律。

第三节　时间与时差

时间是一个较为抽象的概念，是物质的运动和变化的持续性、顺序性的表现。时间概念包含时刻和时段两个概念。时间是人类用以描述物质运动过程或事件发生过程的一个参数，确定时间，要靠不受外界影响的物质周期变化的规律。例如，月球绕地球周期、地球绕太阳周期、地球自转周期、原子震荡周期等。爱因斯坦说："时间和空间是人们认知的一种错觉。"大爆炸理论认为，宇宙从一个奇点处开始，这也是时间的奇点。

在国际单位制 (SI) 中，时间的基本单位是秒，符号 s，在 1967 年召开的第 13 届国际度量衡大会上对秒的定义为：铯 –133 的原子基态的两个超精细能阶间跃迁对应辐射的 9,192,631,770 个周期的持续时间。这个定义提到的铯原子必须在绝对零度时是静止的，而且在地面上的环境是零磁场。在这样的情况下被定义的秒，与天文学上的历书时所定义的秒是等效的。生活中常用的时间单位还有：毫秒 ms、分 min、小时 h、日（天）d、月 m、年 y 等。

因此，当一个点相对于某坐标系运动时，其运动所形成的直线或线段或曲线就是相对于该坐标系静止的点的时间之一。每个点对应多个时间。相对于某一个时间，静止的点开始运动的速度越快，时间越慢，当速度与该时间中运动的点一样时时间停止，速度超越该点时相当于正回到过去。

地球表面按经线划分为 24 个区域（见图 1.4）。当我们在上海看到太阳升起时，居住在新加坡的人要再过半小时才能看到太阳升起；而远在英国伦敦的居民则还在睡梦中，要再过 8 小时才能见到太阳。世界各地的人们，在生活和工作中如果各自采用当地的时间，对于日常生活、交通等会带来许许多多的不便和困难。为了照顾到各地区的使用方便，又使其他地方的人容易将本地的时间换算到别的地方时间上去，有关国际会议决定将地球表面按经线从东到西划成一个个区域，并且规定相邻区域的时间相差1小时。在同一区域内的东端和西端的人看到太阳升起的时间最多相差不过1小时。当人们跨过一个区域，就将自己的时钟校正1小时（向西减1小时，向东加1小时），跨过几个区域就加或减几小时。这样使用起来就很方便。现今全球共分为24个时区。由于实际上常常1个国家或1个省份同时跨着2个或更多时区，为了照顾到行政上的方便，常将1个国家或1个省份划在一起，所以时区并不严格按南北直线来划分，而是按自然条件来划分。例如，中国幅员辽阔，差不多跨5个时区，但实际上现在只用东八时区的标准时，即以北京时间为准。

各国的时间使用地方时，没有统一换算方法，给交通和通讯带来不便（时差的意识在此前就有，只是没有形成完善制度）。为了统一，全世界采取了时差制度并且遵循此制度，各国时间历法都以此制度为基础。

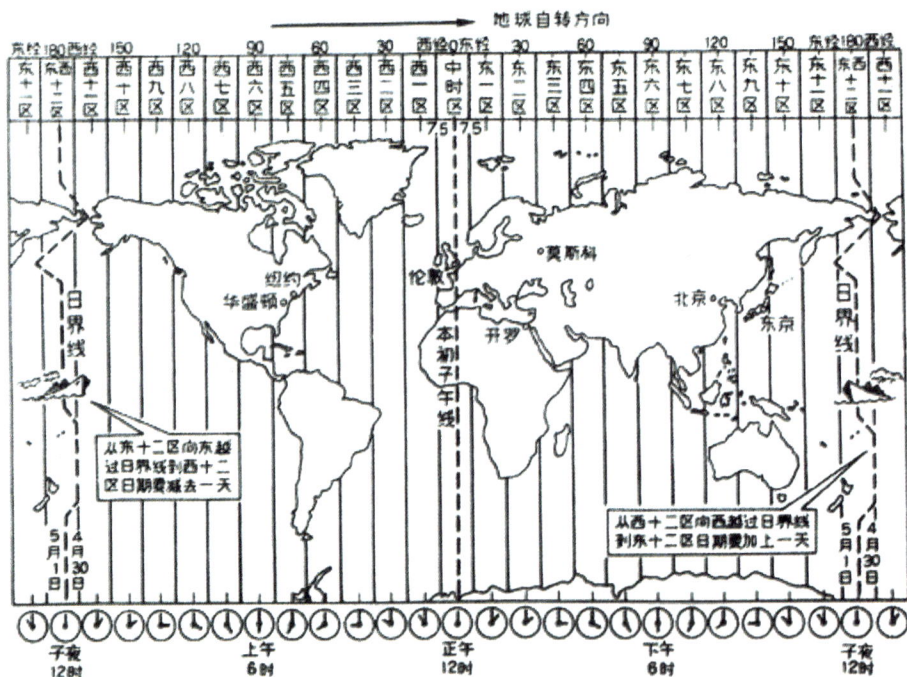

图1.4　24时区

第四节　地图

地图是按一定的比例运用线条、符号、颜色、文字注记等描绘显示地球表面的自然地理、行政区域、社会状况的图形。随着科技的进步，地图的概念是不断发展变化的，如将地图看成是"反映自然和社会现象的形象、符号模型"，地图是"空间信息的载体"、"空间信息的传递通道"等。古代地图一般画在羊皮纸或石板上，传统地图的载体多为纸张，随着科技的发展出现了电子地图等多种载体。

具体来讲，地图是依据一定的绘制法则，使用制图方法，通过制图综合在一定的载体上，表达地球（或其他天体）上各种事物的空间分布、联系及时间中的发展变化状态。

地图是按照一定法则，有选择地以二维或多维形式与手段在平面或球面上表示地球（或其他星球）若干现象的图形或图像，它具有严格的数学基础、符号系统、文字注记，并能用地图概括原则，科学地反映出自然和社会经济现象的分布特征及其相互关系。

现阶段地图的定义是：以一定的数学法则（即模式化）、符号化、抽象化反映客观实际的形象符号模型，或者称为图形数学模型。地图是根据一定的数学法则，将地球（或其他星体）上的自然和人文现象，使用地图语言，通过制图综合，缩小反映在平面上，反映各种现象的空间分布、组合、联系、数量和质量特征及其在时间中的发展变化。

地球的基本要素有：比例尺、图例、指向标。比例尺的定义是：表示图上距离和实地距离缩小的程度。图例（见图1.5）的定义是：地图的语言，包括各种符号和它们的文字说明，地理名称和数字。指向标的定义是：指示地图上的方向。

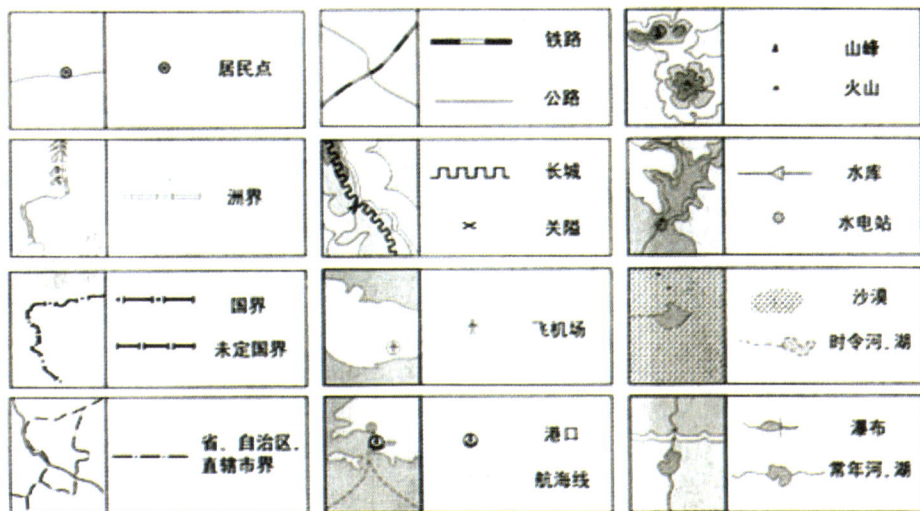

图1.5　图例

| 课堂活动 | 找出一张地图进行观察，并说出你观察到的内容。 |

第五节 航空气象要素对飞行的影响

一、气温

气温对载重量和滑跑距离影响很大。当气温升高（降低）时，飞机在飞行中就会减小（增加）速度，起飞和降落时要求的滑跑距离增加（缩短）。长距离飞行的飞机要利用预报的温度来计算燃料和货物的搭载重量，气温升高，载重量减小。

二、气压

飞行中时刻离不开气压，飞机上的气压高度表是用气压来测定飞机所处高度的仪表。特别是在起飞和降落时要用机场的场面气压来调整高度表。故气象人员如将气压测错或报错，就会直接危及飞行安全。

三、云

云对飞行有许多不利影响，主要是使空中能见度变坏，在有些云中飞行易产生结冰和颠簸。尤其是不能在积雨云内甚至附近飞行，积雨云很厚，云内及附近上升（下沉）气流和乱流强烈，会产生强烈颠簸。

四、降水

降水使能见度减小。降水中过冷却水滴易造成飞机积冰，影响跑道使用性能，可使发动机熄火，特别是处于着陆的低速飞行阶段。强降水下方易出现强下沉气流，伴有风切变，可造成飞机操纵困难，甚至事故发生，而且强降水将使飞机的空气动力学性能恶化。

五、风

飞机起飞、着陆一般是顶风（逆风），以缩短滑跑距离；顺风会增大起飞和着陆的滑跑距离；侧风则会使飞机偏离跑道，空中飞行则会偏离航线。在航行飞行时，顺风可以节省航时和燃料。

第二章　航空运输布局

【学习目标】
  1. 熟悉我国航线的划分。
  2. 掌握我国航空运输基本布局。
  3. 掌握我国航空区划的划分。

航空运输布局的三大要素是航线、机场和运力（航空公司）。航空港布局又称机场布局，就是指航线、机场和运力在一定地域空间上的分布与组合，是根据需要对不同类型的航空港在地域上的合理布局。航空港的布局应满足以下要求：有充分的机场用地，合理设置跑道位置；充分考虑不同类型机场的要求；充分考虑自然条件，尤其是气候和地基条件，满足其净空要求；与城市有合理的距离，飞机的起飞既不影响城市，又不能与城市相距很远，并有便利的交通条件。机场的布点往往决定了航线的构成和航路的设置，机场的规模也决定了进出航线上的航班密度以及所采用的机型。

第一节　影响航空运输布局的因素

一、自然因素

（1）地面自然要素：地形地貌是修建机场和确定航路的重要条件。修建机场应必须考虑工程地质条件，应选择在地质、地貌较稳定的地区；机场附近需要一定的净空地带，周围不应有高大突出的植被或其他障碍物，还要求四周地形起伏较小，视野开阔；充足的水源也是建设一个航空港的必备条件。

（2）气象气候条件：航线应尽量避开危险天气的易发地区，选择最安全的飞行路线。在航站内，飞机的起降主要受地面风速、风向、低空风切变、地面与空中能见度、降水等因素的制约，气候条件的差异往往决定上述因素的好坏；为了尽量避免飞机噪声的影响，机场与城市之间要保持一定的距离，而且机场应选择在恰当位置上，使飞机不穿过城市上空。

二、经济因素

（1）经济发展水平：经济发展水平决定了整个社会的经济结构和物资流通量，决定了社会的收入和消费水准，相应地也就决定了空运需求。经济增长，航空运输量也随之增长（见图2.1）。经济发达国家或地区必定是空运需求旺盛、航空运输发达的国家或地区。世界经济发展水平的差异，必然造成当今航空运输布局的不平衡。

（2）产业结构：一般来讲，经济越发达的国家和地区，第二产业和第三产业所占比例越高，其航空运输需求越旺盛。以农业生产为主的国家和地区，其经济对外开放度低，经济发展水平不高，因而航空运输需求较少。在工业生产中，资金密集型的电子、电器、精密仪器等高新技术产业往往聚集在大型国际枢纽机场周围，依托便利的航空运输条件，形成"临空型"工业区。

（3）相关行业：任何行业都不可能脱离其他行业而孤立存在，航空运输业也不例外。影响航空运输布局的行业，如旅游业、对外贸易行业、劳务输入行业等，对航空运输的依赖都很大，因此又被称为"航空密集型"行业。这些行业的发展状况对航空运输业的发展至关重要，当然，发达的航空运输服务也将吸引这些航空密集型行业在机场附近安家落户，在形成完整的产业供应链的同时，也繁荣了机场经济圈。

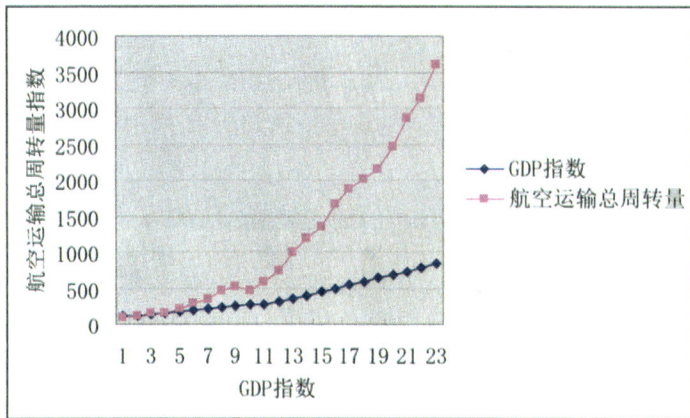

图2.1　经济与航空运输量

三、社会因素

（1）人口因素：人口既可以成为航空运输的对象，也可以作为航空运输所需要的劳动力。作为运输对象的人口，其数量、密度、素质、收入、分布及迁移等都对航空运输布局产生重要影响。人口对航空货运也有一定影响。从目前空运货物的种类来看，大宗的服装、食品、活鲜主要运往人口稠密的消费区。作为航空运输所需要的劳动力人口，其技术水平、文化素质更为重要。

（2）政治因素：在某些特定的情况下，政治因素可以对整个国家或地区的经济发展和生产布局产生重要影响。航空运输是进行政治、外交活动的有力工具，政治因素对航空运输的影响是不容忽视的。政治因素除了表现为国家一系列的法律法令以及航空政策、方针外，还包括社会的政治形势和安定状况。社会的政治形势和安定状况对航空运输业的发展有非常大的影响。

四、技术因素

科学技术是影响生产布局最积极、最活跃的因素。科学技术的发展经常主动地影响生产布局，重大的科技成果往往使生产布局突破某些自然和经济条件的制约，使生产布局发生变化。自 20 世纪初航空运输问世以来，随着科技的发展，飞机的性能、地面设备及线路状况不断得到改善，促使航空运输的活动能力不断增强，活动范围不断扩大。

五、地理位置因素

一个国家、地区或城市的航空运输发展水平与其所处的地理位置往往有一定的内在联系。世界上许多城市，如新加坡、曼谷、德里、马尼拉、卡拉奇、开罗、阿尔及尔、安克雷奇、巴拿马城、里约热内卢、悉尼以及我国的上海、广州等都是凭借其有利的地理位置而发展成为重要的航空枢纽的。

第二节　中国航空运输的基本布局

一、我国的航线布局

飞机飞行的路线称为航空交通线，简称航线。航线是指航空器的飞行路线。它确定了航空器飞行的具体方向、起讫与经停地点，规定了飞行高度和宽度，以维护空中交通秩序，保证飞行安全。民航从事运输飞行必须按照规定的线路进行。

航线不同于航路，按照航线起讫点及经停点地理位置的不同，民航航线的种类可分为三大类：国际航线、国内航线、地区航线。

（一）中国主要国际航线

国际航线：是指飞行的路线连接两个国家或两个以上国家的航线。在国际航线进行的运输是国际运输。一个航班如果在它的始发站、经停站、终点站有一点在外国的领土上都叫作国际运输。

按照航线分布特征，中国的国际航线基本上可以分为东线、西线和南线。东线主要是由近程的中国—日本航线、中国—韩国航线和远程的中国—北美航线组成；西线主要是由中国—欧洲航线、中国—中东航线组成，此外，近年还开通了北京经西班牙马德里延伸到巴西圣保罗的国际航线；南线主要包括中国东部城市到地理上的东南亚各国、大洋洲以及太平洋岛屿的航线，它是中国重要的中近程国际航线。

（二）中国国内航线及地区航线

（1）国内航线：是指连接国内航空运输中心的航线。航线的起讫点、经停点均在一国国境之内。可分为干线、支线和地方航线。

· 国内干线：是指航线的起止点都是重要的交通中心城市。这些航线航班数量大、密度高、客流量大，如北京—上海航线、北京—广州航线等。

· 国内支线：是指把各中小城市和干线上的交通中心连接起来的航线。支线的客流密度远小于干线；支线上的起止点中有一方是较小的机场，因而支线上使用的飞机都是150座以下的中小型飞机。

· 地方航线：是指把中小城市连接起来的航线。客流量很小，和支线界限很明确，也可称为省内航线或地方航线。

（2）地区航线：是指在一国之内各地区与有特殊地位地区间的航线。如内地与香港、澳门、台湾地区的航线。

2017年，中国国内航线数量达到3519条（不含港澳台航线），是1978年的23.46倍，形成了一个复杂的航线网络；全年共执飞航班389.3万班（其中，客运航班383.17万班，货运航班6.16万班），是1978年的85.6倍。如今，60家国内航空公司运营了连接国内234个机场的航线，运输飞机在册数量达到3549架。我国国内主要航线包括以下几点：

图2.2　中国主要航线分布

（1）以北京为中心的辐射航线；

（2）以上海为中心的辐射航线；

（3）以广州为中心的辐射航线；

（4）以香港为中心的辐射航线；

（5）以昆明、成都、西安等大中型机场为中心的辐射航线。

中国主要航线分布如图2.2所示。

二、中国的机场布局

机场作为航空运输和城市的重要基础设施，是综合交通运输体系的重要组成部分。机场区域布局分布的数量规模和密度与中国区域经济社会发展水平基本适应，民用机场呈区域化发展趋势，初步形成以北京为主的北方地区机场群，以上海为主的华东地区机场群，以广州为主的中南地区机场群，以重庆、成都、昆明为主的西南地区机场群和以西安、乌鲁木齐为主的西北地区机场群五大机场群，对扩大社会经济效益、提高城市发展潜力发挥了重要作用。

中国机场布局的发展过程可划分为以下三个阶段：

（1）第一阶段：以经济发展为导向。经济发达城市和旅游城市的机场数量增加，主要大型机场的规模增长速度加快，机场的吞吐量集中度较高。

（2）第二阶段：以均等化航空服务为导向。中小型机场数量增加，较多兴建大城市第二机场，大中型机场规模快速增长，机场吞吐量集中度有待提高。

（3）第三阶段：以机场体系优化为导向。当机场布局满足全国范围内人群航空出行的需求，具有基本的通达性之后，则需要对航空需求较为旺盛的地区进行扩建，增加机场数量，发展大城市的多机场体系，提供多样化的航空服务，提高机场利用率和服务水平。

目前，中国机场总体布局处于发展的一、二过渡阶段，因此机场数量有待增加，要扩大机场规模，提高机场密度和覆盖率。机场的分布具有地域性，由于不同区域的机场发展起步条件不同、发展速度不同，同一时期不同区域的机场发展水平和发展重点不同，各地区机场布局也处于不同发展阶段。

三、中国的航空公司分布

（一）航空公司的分类

航空公司，也被称为航空运输承运人，是以各种航空器为运输工具，以空中运输的方式运载人员或货物的企业。

1.按飞行范围分类

①国际航空公司：主要经营一国以上航线以及国内航班的承运人。

②国内航空公司：获准从事本国国内航线经营的承运人。

2. 按运输种类分类

① 客运航空公司：主要涉及用飞机运送旅客的承运人。

② 货运航空公司：主要涉及用飞机运送货物、邮件的承运人。

3. 按航班性质分类

① 定期航空公司：主要从事定期航班，也可以经营不定期航班的承运人。

② 不定期航空公司：主要从事不定期航班，不经营定期航班的承运人。

③ 包机承运人：只经营包机航班的不定期航班的承运人。

4. 其他分类

经过新中国70年的发展，作为国民经济和社会发展的重要行业和先进的交通运输方式，中国民航业伴随着整个国民经济的发展而不断发展壮大。特别是改革开放以来，航空运输量持续快速增长，航线网络不断扩大，机队运输能力显著增强，机场、空管等基础设施建设取得重大进展，管理体制改革和扩大对外开放迈出较大步伐。航空运输在我国改革开放和加速社会主义现代化建设中发挥着越来越大的作用。航空运输业是一个快速发展的行业，与经济发展、世界贸易、国际金融投资以及旅游和商务活动关系密切，是经济全球化的集中反映。

（二）中国主要航空公司的分布

现在国内的航空公司共58家，民航航空公司一共有30家左右，其中最大的三家是中国国际航空公司（以下简称国航）、中国东方航空公司（以下简称东航）以及中国南方航空公司（以下简称南航）。国航、东航、南航三大集团占据了民航大部分的运力及航线资源。民航业中三大集团处于行业主导地位，在竞争中占有优势，另外，航空公司的基地优势直接影响市场份额。

（1）国航：国航总部设在北京，还辖有成都、重庆、杭州、上海、天津、内蒙古、武汉、贵州、大连、西藏、公务机分公司。国航主要控股子公司有中国国际货运航空有限公司、澳门航空股份有限公司、深圳航空有限责任公司、大连航空有限责任公司、北京航空有限责任公司等。

（2）东航：东航总部设在上海，下辖山东、安徽、江西、山西、甘肃、西北、云南、四川、浙江、北京分公司。东航控股中国货运航空有限公司和中国东方航空江苏有限公司、上海航空股份有限公司、中国联合航空有限公司，参股中国东方航空武汉有限责任公司，全资拥有东方通用航空股份有限公司。

（3）南航：南航总部设在广州，以蓝色垂直尾翼镶红色木棉花为公司标志。有新疆、北方、北京、深圳、海南（三亚、海口）、黑龙江、吉林、大连、河南、四川、湖北、湖南、广西、台湾、珠海等15家分公司和厦门航空、汕头航空、贵州航空、珠海航空、重庆航空等5家控股子公司；在上海、西安设立基地，在成都、杭州、南京等地共设有18个国内营业部，在新加坡、东京、首尔、阿姆斯特丹、巴黎、洛杉矶、悉尼、拉各斯、纽约、伦敦、温哥华、迪拜、布里斯班等地设有53个国外办事处。

第三节　中国经济区划与航空区划

空域是国家资源，空域的管理与使用是面向社会公众的公共服务，因此空域应得到合理、充分和有效的利用。空域的管理体制是由国务院中央军委空中交通管制委员会领导，全国的飞行管制由空军统一组织实施，各有关飞行管制部门按照各自的职责分工提供空中交通管制服务。

一、经济区划

经济区划是指根据社会劳动地域分工的特点，对全国领土进行战略性的划分，包括综合经济区、部门经济区和经济类型区。它根据国家或地区生产发展的要求和条件，参照业已形成的地区经济类型，全面规划出地域生产综合体的体系：如科学地划定各级部门或综合的经济区的区域范围；确定各经济区间的合理分工与协作；对区内各生产部门的合理结构、发展规模和地区布局等提出建议。

经济区划的目的在于揭示各个国家或地区经济发展的有利条件和制约因素，形成各具特色的地区专门化部门和产业结构。对全国进行战略性的经济区划分，需从经济、生态、社会三方面制定原则。

六大经济协作区包括：东北经济协作区（黑、吉、辽）、华北经济协作区（京、津、冀、晋、内蒙古）、西北经济协作区（陕、甘、宁、青、新）、华东经济协作区（鲁、苏、皖、沪、浙、赣、闽、台）、中南经济协作区（豫、鄂、湘、粤、桂）和西南经济协作区（川、贵、云、藏）。

各大经济协作区均设有中央局和大区计委，负责协调大区内各省、直辖市、自治区之间的经济联系，并组织各种经济协作。因此，这是一个按行政系统组织起来的经济区。中国的经济协作区方案，对当时国民经济的调整起到了一定作用，也为后来的经济区划积累了经验。

【知识拓展】

"七五"计划提出的三大经济地带

中国在"七五"计划（1986—1990）期间提出了地区经济的梯度开发思想，以沿海为基地，以其经济技术优势开发内地资源，进而再向边疆少数民族地区发展，形成东部沿海、中部内陆、西部地区三大经济地带。

东部地带：包括辽、冀、京、津、鲁、苏、沪、浙、闽、粤、琼、桂12个省、直辖市、自治区（暂不包括港、澳、台），是全国人口密度和经济密度最大、经济实力雄厚、市场经济发达的地区。

中部地带：包括黑、吉、内蒙古、晋、豫、鄂、湘、皖、赣9个省、自治区，是全国经济比较发达、人口比较集中的地区。

西部地带：包括川（含后设立的重庆市）、贵、云、藏、陕、甘、宁、青、新9个省、自治区，是全国经济比较落后、人口比较稀少的地区。

二、航空区划

为了因地制宜地安排运力，合理建设机场，协调国内及国际航空的发展，以获得最佳的经济和社会效益，有必要对全国航空运输区域进行划分。

中国幅员宽广、地域辽阔，这为航空运输提供了极大的发展空间。中国航空管理部门对全国航空运输区域进行了划分，分别是华北区、华东区、中南区、西南区、东北区、西北区、新疆区。

新中国成立初期，形成了上海、广州、重庆、乌鲁木齐、北京五大区域中心；20世纪60年代形成了北京、沈阳、上海、广州、成都、兰州六大管理局；1985年成立民航乌鲁木齐管理局；1987年实行政企分开的管理体制，管理局一分为三：航空公司、机场、民航地区管理局；到了21世纪初，形成了东北、华北、华东、中南、西南、西北、新疆七大管理局。

根据《中华人民共和国民用航空法》和《国务院关于印发民航体制改革方案的通知》，按照政企分开、转变职能、加强监管、保障安全的目标，建立与民用航空事业发展相适应的民航地区行政管理机构，实行中国民用航空局、中国民用航空地区管理局和安全监督管理局三级行政管理体制。民航地区管理局根据安全管理和民用航空不同业务量的需要，在所辖区内设立中国民用航空安全监督管理办公室。

民航局下设七个民航地区管理局，负责对所辖地区的民用航空事务实施行业管理和监督，分别为：华北、东北、华东、中南、西南、西北、新疆七个民航管理局。

【思考与练习】

1. 地球的半径、直径和周长是多少？
2. 地图的三要素是什么？
3. 影响航空布局的因素是什么？
4. 简述我国国内航线的分类。
5. 简述我国航空区划的划分。
6. 简述我国航空公司的分类。

第三章 今腔古韵 神奇华北

【学习目标】

1. 了解华北旅游区的概况。
2. 掌握华北旅游区的空港城市和机场。
3. 掌握华北旅游区的重要景点。
4. 了解华北旅游区的航线特点和风土人情。

华北旅游区拥有十分丰富的地理资源和人文资源，地理位置优越，地貌结构复杂，为发展旅游业提供了丰富的自然旅游资源，是我国旅游热点地区之一。

第一节 区域概述

华北旅游区包括北京市、天津市、河北省、山西省、内蒙古自治区，为二市二省一自治区，总面积156.5万平方千米，总人口2.82亿。华北旅游区东临渤海，北与蒙古人民共和国为界，与东北旅游区、西北旅游区相接。

华北旅游区地理及气候类型大致分为三类：① 北京市、天津市、河北省三地雄踞华北大平原北端，西为太行山，北为燕山，同时兼有高原、山地、丘陵、盆地、草原和海滨等多种地貌类型，属于暖温带半湿润大陆性季风气候，夏季高温多雨，冬季寒冷干燥，春、秋两季短促。② 山西省，因居太行山西而得名，东依太行山，西、南依吕梁山，北依长城，地势东北高西南低，致使该地区冬冷夏热、昼夜温差大、降水少，常年高温多雨，属于温带大陆性季风气候。③ 内蒙古自治区一年四季降水量少而不匀，寒暑变化剧烈，冬季漫长而寒冷，多数地区寒冷季长达5个月甚至半年之久，是典型的中温带季风气候。

该区地理位置优越，处于全国交通运输的中枢地位。北京，作为首都，是全国最重要的铁路枢纽和航空港，也是高速公路网的中心。华北区是航空运输相对发达的地区之一，区内的北京首都国际机场以及中国国际航空公司在全世界民航业内都具有极为重要的地位。

2017 年，华北地区已建有运输机场 35 个，其中通勤机场 3 个；该地区机场旅客吞吐量呈现快速增长的势头，共完成旅客吞吐量 17171.6 万人次，货邮吞吐量持续增长，共完成货邮吞吐量 248.5 万吨，各地区机场飞机起降架次迅猛增长，共起降飞机 144.7 万架次，具体数据见图 3.1、图 3.2。

图 3.1　2017 年华北地区旅客吞吐量统计图

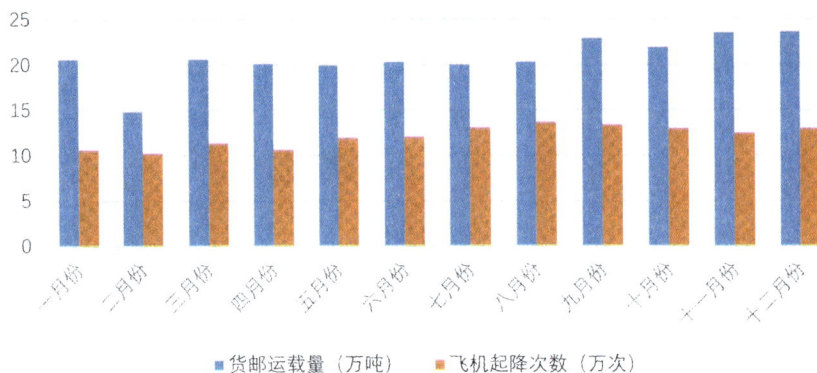

图 3.2　2017 年华北地区货邮运载量及飞机起降次数统计图

第二节　重点城市及机场

通过对本节内容的学习，能够了解华北旅游区的重点省、市，以及机场的概况。华北机场群由北京、天津、河北、山西、内蒙古 5 个省（自治区、直辖市）内的机场构成。

一、北京市

（一）城市简介

北京是中华人民共和国首都、直辖市、国家中心城市，是中国政治、文化、教育和国际交流中心，同时也是中国经济金融的决策和管理中心。北京位于华北平原北端，东南与天津相连，其余为河北省所环绕。北京有着3000多年的建城史和700多年的建都史，是"中国四大古都"之一，具有一定的国际影响力。北京荟萃了自元明清以来的中华文化，拥有众多名胜古迹和人文景观，是全球拥有世界文化遗产最多的城市。

（二）空港介绍——北京首都国际机场（PEK）

北京首都国际机场，简称首都机场，位于北京东北方向的顺义区，距市中心天安门广场约25.35千米。首都机场是中国地理位置最重要、规模最大、设备最齐全、运输生产最繁忙的大型国际航空港。

首都机场不但是北京的空中门户和对外交往的窗口、中国民航最重要的航空枢纽，而且是中国民用航空国内航线网络中的大型枢纽机场（见图3.3、图3.4）。现有3个航站楼，分别为：T1、T2、T3。

北京首都国际机场是"中国第一门"，作为欧洲、亚洲及北美洲的核心节点，有着得天独厚的地理位置、方便快捷的中转流程、紧密高效的协同合作，成为连接亚、欧、美三大航空市场最为便捷的航空枢纽。

图 3.3　北京首都国际机场全景

图 3.4   北京首都国际机场夜景

【知识拓展】

北京南苑机场

北京南苑机场，位于北京市丰台区，是中国历史上第一座机场。北京南苑机场距离南四环3千米，距离天安门广场15千米，拥有一座年处理120万人次的航站楼，是北京地区第一座军民两用的大型机场。拥有一条4C级跑道。北京南苑机场IATA代码为NAY，ICAO代码为ZBNY。北京南苑机场是中国联合航空有限公司（简称中联航）的基地机场。大兴机场启用后，南苑机场将关闭。

二、天津市

（一）城市简介

天津，简称津，是中华人民共和国直辖市、国家中心城市、超大城市、环渤海地区经济中心、首批沿海开放城市、全国先进制造研发基地、北方国际航运核心区、金融创新运营示范区、改革开放先行区。

天津自古因漕运而兴起，明永乐二年十一月二十一日（1404年12月23日）正式筑城，是中国古代唯一有确切建城时间记录的城市。历经600多年的发展，天津已具备中西合璧、古今兼容的独特城市风貌。

天津位于华北平原海河五大支流汇流处，东临渤海，北依燕山，海河在城中蜿蜒而过，是天津的母亲河。天津滨海新区被誉为"中国经济第三增长极"。

（二）空港介绍——天津滨海国际机场

天津滨海国际机场，简称滨海机场，位于天津市东丽区，是中国主要的航空货运中心之一，也是天津航空与奥凯航空的枢纽机场（见图3.5、图3.6）。

天津滨海国际机场距北京134千米，距天津市中心13千米，距天津港30千米，地理位置优越，具有较强的铁路、高速公路、轨道等综合交通优势，基础设施完善，市政能源配套齐全，是国内干线机场、国际定期航班机场、国家一类航空口岸。

天津滨海国际机场前身为天津张贵庄机场，1950年，新中国最早的两条民用航线是从这里始发的，它见证了新中国民航发展的历史性时刻。该机场还担负起新中国专业飞行和技术人才培养的任务，被誉为"新中国民航的摇篮"。

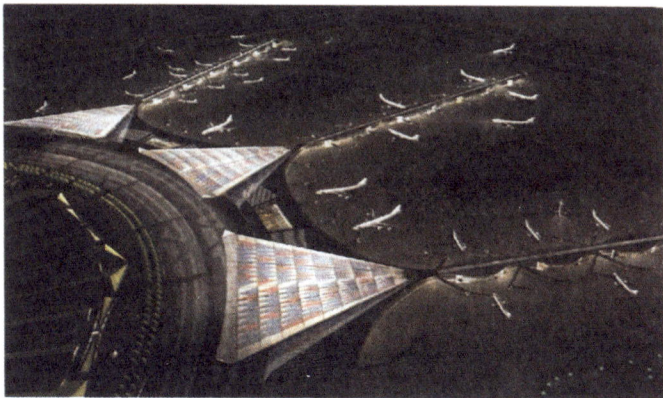

图 3.5　天津滨海国际机场夜景

图 3.6　天津滨海国际机场内景

三、石家庄市

（一）城市简介

石家庄，简称石，是河北省省会，地处河北省西南部，旧称石门。石家庄辖区总面积 15848 平方千米，市区面积 2206 平方千米。石家庄市辖 8 个区、11 个县，代管 3 个县级市，是河北省政治、经济、文化中心。

石家庄市地处河北省中南部，环渤海湾经济区，东与衡水接壤，南与邢台毗连，西与山西为邻，北与保定交界，距首都北京 273 千米。京石、石太、石黄、石安高速公路和 107、207、307、308 国道，以及 2 条省道、42 条县道在石家庄市域纵横交错，公路通车总里程 6379 千米。石家庄是全国铁路运输的主要枢纽，京广、石太、石德、朔黄四条铁路干线交汇于此。

石家庄跨华北平原和太行山两大地貌单元，是全国粮、菜、肉、蛋、果主产区之一，农业集约化和产业化水平较高，生产规模位居全国 36 个重点城市第一位，被国家确定为优质小麦生产基地，素有"北方粮仓"之称。

因毛泽东主席在石家庄市平山县西柏坡指挥震惊中外的三大战役，此地又被誉为"新中国的摇篮"。

（二）空港介绍——石家庄正定国际机场

石家庄正定国际机场 1995 年 2 月 18 日正式开航，1996 年 3 月，石家庄航空口岸正式对外开放，目前石家庄正定国际机场通航城市达到了 28 个。石家庄正定国际机场为国内 4E 级干线机场，是首都机场的备降机场和分流机场，也是东航河北分公司、河北航空有限公司、中国货运邮政航空公司基地。该机场是河北省重要的空中交通门户和对外开放窗口，现已发展成中国北方重要的国际航空货运中转基地（见图 3.7）。

图 3.7　石家庄正定国际机场

四、太原市

（一）城市简介

太原，山西省省会，简称并（bīng），别称并州，古称晋阳，也称龙城，是国家历史文化名城、国家园林城市、太原都市圈核心城市，也是山西省政治、经济、文化、交通和国际交流中心。

太原市辖 6 个市辖区、3 个县，代管 1 个县级市，市政府驻杏花岭区新建路。太原市位于山西省中北部的太原盆地，北接忻州市，东连阳泉市，西交吕梁市，南邻晋中市。

太原具有 4700 多年历史，2500 多年建城史，"控带山河，踞天下之肩背"，"襟四塞之要冲，控五原之都邑"。太原市三面环山，黄河第二大支流汾河自北向南流经，自古就有"锦绣太原城"的美誉，是中国北方军事、文化重镇，世界晋商都会，中国能源、重工业基地之一。太原的城市精神是包容、尚德、崇法、诚信、卓越。

（二）空港介绍——太原武宿国际机场

太原武宿国际机场位于太原市东南方向，距太原市 13.2 千米。太原机场始建于 1939 年，曾于 1968 年、1992 年和 2007 年进行过三次改扩建。经过 2007 年的扩建，航站楼面积为 8.08 万平方米，跑道及滑行道延长至 3600 米，并加宽跑道及滑行道道肩，飞行区等级由 4D 升格为 4E 级，可满足当前最大机型空客 A380 等飞机的备降要求；新建站坪 21 万平方米，增加机位 18 个。2007 年，经中国民用航空总局批准，"太原武宿机场"更名为"太原武宿国际机场"（见图 3.8）。

图 3.8　太原武宿国际机场

五、呼和浩特市

（一）城市简介

呼和浩特是内蒙古自治区首府，位于华北西北部、内蒙古自治区中部的土默川平原，是内蒙古的政治、经济、文化、科教和金融中心。呼和浩特有着悠久的历史和光辉灿烂的文化，是华夏文明的发祥地之一，旧称为归绥，原为绥远省省会，蒙绥合并后，自治区首府由乌兰浩特迁入呼和浩特。呼和浩特是蒙古语，意为"青色的城市"。呼和浩特是以蒙古族为主体，汉族占多数，回、满、达斡尔、鄂温克等 41 个民族聚居的城市。有国际列车航线通往乌兰巴托。

呼和浩特是国家历史文化名城、国家森林城市、国家创新型试点城市、全国民族团结进步模范城市、全国双拥模范城市、中国优秀旅游城市和中国经济实力百强城市，被誉为"中国乳都"。

（二）空港介绍——呼和浩特白塔国际机场

呼和浩特白塔国际机场位于中国内蒙古自治区首府呼和浩特。机场名称中的"白塔"得名于其附近的古迹万部华严经塔。呼和浩特白塔国际机场位于呼和浩特市东面 14.3 千米处，于 1958 年 10 月 1 日建成通航；1991 年 12 月 1 日，国务院批准呼和浩特白塔国际机场为航空口岸机场，于 1992 年 3 月 31 日正式对外开放（见图 3.9）。

图 3.9　呼和浩特白塔国际机场

第三节　重要航线及航空公司

一、华北区重要航线

（一）北京—呼和浩特（PEK—HET）

北京首都国际机场—呼和浩特白塔国际机场，航班号是 CA1111，飞行距离约441千米，全程飞行 50 分钟，飞行高度 5700/6000 米，途经河北省、内蒙古，飞越京杭大运河、黄河和燕山山脉。

（二）北京—太原（PEK—TYN）

北京首都国际机场—太原武宿国际机场，航班号是 CA1145，飞行距离约 645 千米，全程飞行 55 分钟，飞行高度 5700/6000 米，途经河北、山西省，飞越京杭大运河、汾河，跨越燕山、恒山和吕梁山。

二、华北区重要航空公司

北京首都国际机场是国航的主基地，也是南航、东航、海航、大新华航空、首都航空的运营基地。国内的深航、山航、厦航、川航、上航、成都、天津、奥凯、青岛等20 多家航空公司以及国外星空联盟、天合联盟、寰宇一家的主要成员近百家航空公司在北京首都国际机场运营。

此外，北京南苑机场、天津滨海国际机场、石家庄正定国际机场、太原武宿国际机场、呼和浩特白塔国际机场分别是中联航、国货航和天津航、河北航、山西航、国航内蒙古分公司等航空公司的运营基地。

中国国际航空股份有限公司，简称国航，其前身中国国际航空公司成立于 1988 年。

国航是中国唯一挂载国旗的航空公司。不仅提供国际、国内的客货运输服务，而且承担国家领导人的专机任务，并承担外国元首和政府首脑在国内的专、包机任务。国航是中国最大的国有航空运输企业，也是中国民航安全水平高、综合规模最大、拥有最新最好机队的航空公司。

国航的企业标识由一只艺术化的凤凰和中国改革开放的总设计师邓小平同志书写的"中国国际航空公司"以及英文"AIR CHINA"构成。国航标志是凤凰（见图3.10），同时又是英文"VIP"（尊贵客人）的艺术变形，颜色为中国传统的大红，具有吉祥、圆满、祥和、幸福的寓意，寄寓着国航人服务社会的真挚情怀和对安全事业的永恒追求。国航愿景和定位是"具有国际知名度的航空公司"，其内涵是实现"竞争实力世界前列、发展能力持续增强、客户体验美好独特、相关利益稳步提升"的四大战略目标；企业精神强调"爱心服务世界、创新导航未来"，企业使命是"满足顾客需求、创造共有价值"，企业价值观是"服务至高境界、公众普遍认同"；服务理念是"放心、顺心、舒心、动心"。

图 3.10　国航凤凰标识

三、华北区航线特点

华北地区大面积雾霾及雨雪天气时有发生，给航空运输保障工作增加了许多不确定因素，同时也增加了航空安全保障工作的难度。

第四节　重要旅游景点

一、北京市重点旅游景区

北京主要的旅游资源有天安门广场、故宫博物院、天坛公园、颐和园、八达岭长城、明十三陵、恭王府、奥林匹克公园等。

（一）故宫博物院

故宫博物院是国家5A级旅游景区、全国重点文物保护单位、爱国主义教育示范基地、世界文化遗产，是世界上规模最大、保存最完整的紫禁城木结构宫殿建筑群。故宫博物院成立于1925年10月10日，它既是明清故宫（紫禁城）建筑群与宫廷史迹的保护管理机构，也是以明清皇室旧藏文物为基础的中国古代艺术品收藏、研究和展示机构。截至2018年，藏品总量已达1862690件（套），以明清宫廷文物类藏品、古建筑类藏品、图书类藏品为主。藏品共分为25种大类别，堪称艺术的宝库。故宫博物院整体布局见图3.11。

图3.11　故宫博物院

（二）八达岭长城

八达岭长城为国家级风景名胜区、国家5A级旅游景区、全国重点文物保护单位、爱国主义教育基地、世界文化遗产。八达岭长城坐落于北京市延庆区境内，是万里长城千百座名关险隘中，历史最为悠久、文化最为丰富、建筑最为宏伟、景色最为壮观、名声最为远大、保存最为完整的一段。八达岭长城对外开放长度为3741米，有城台、墙台21座，敌楼16座。八达岭长城是沿着山岭的脊背修筑，从城墙外侧看去非常险峻，内侧则甚是平缓。这里四季皆适宜游览。见图3.12。

图3.12　万里长城

（三）北京奥林匹克公园

北京奥林匹克公园为国家 5A 级旅游景区，位于北京市朝阳区，地处北京城中轴线北端，北至清河南岸，南至北土城路，东至安立路和北辰东路，西至林翠路和北辰西路，总占地面积 11.59 平方千米，集中体现了"科技、绿色、人文"三大理念，是融合了办公、商业、酒店、文化、体育、会议、居住等多种功能的新型城市区域。北京奥林匹克公园分为三部分：北部是 6.8 平方千米的奥林匹克森林公园，中部是 3.15 平方千米的中心区，南部是 1.64 平方千米的已建成和预留区（奥体中心）。

二、天津市重要旅游景区

天津市主要的旅游景点有杨柳青博物馆、天津之眼、津门故里、盘山、独乐寺等。

（一）杨柳青博物馆

杨柳青博物馆现为市级文物保护单位，为天津市爱国主义教育基地、青少年教育基地、影视拍摄基地。该博物馆位于千年古镇杨柳青的石家大院，是一处有"华北第一宅"之称的晚清民居建筑群，始建于 1875 年。1948 年底，杨柳青解放，此院被收归国有作为天津专署使用，刘青山、张子善曾在此办公。1956 年，天津地委迁出。至 1987 年修复前此院一直作为校舍使用。1991 年底，石家大院正式开放，辟为"天津杨柳青博物馆"，它是清代津门八大家之一石元士的旧宅，占地 7200 余平方米，其中建筑面积 2900 多平方米。整个大院，60 米长的大甬道的两侧共有四合套式 12 个院落，所有院落都是正偏布局，四合套成，院中有院，院中跨院，院中套院；从寝室、客厅、花厅、戏楼、佛堂到马厩，无论是格局、建筑风格，还是艺术装饰，都反映了清末民初的文化遗存和当时的民俗民风。馆内木版年画最具特色。见图 3.13。

图 3.13　杨柳青木版年画——连年有余

（二）天津之眼

天津之眼被评为"平安旅游景点"、大国印记"1949—2010 中国 60 大地标"天津唯一代表、4A 级旅游景区，荣获"市级青年文明号"、"国家级工人先锋号"等荣誉称号。

天津之眼坐落在天津市红桥区海河畔，是一座跨河建设、桥轮合一的摩天轮，兼具观光和交通功用。天津之眼地处海河三岔河口黄金地段的核心，是天津传统文化和民俗文化最集中的区域，周边拥有大悲院、古文化街、鼓楼、意式风情区、奥式风情区等天津重要的商贸旅游资源，同时也是海河水上游船观光区的起点。游客到此，一日之间即可以享受休闲、购物、旅游观光等多重欢乐。天津之眼摩天轮，是海河开发一桥一景的杰出代表作，是镶嵌在海河上的一颗璀璨明珠。见图3.14。

图3.14　天津之眼夜景

【知识拓展】

　　公元1400年，明燕王朱棣自海河三岔河口渡河，一路南下，攻陷南京，夺取帝位，改元永乐。公元1404年，明王朝在直沽设卫，明成祖朱棣赐名"天津卫"。天津，即为天子渡口之意。

　　2008年，天津的新地标建筑——"天津之眼"摩天轮落成，即坐落于当年朱棣率千军万马渡河之处——永乐桥之上，是世界上唯一一座跨河建设、桥轮合一的摩天轮，兼具观光和交通功用。上仰天子之渡灵气，下拥九河下梢风光，其奇思妙想、巧夺天工的设计是世界摩天轮建设方面的一大突破。

（三）盘山

　　盘山风景区为国家级风景名胜区、国家5A级旅游景区，位于中国天津市北部蓟县境内，距天津120千米，西临北京仅90千米，素称"京东第一山"。盘山风景区历史悠久，寺庙、佛塔等文物古迹众多，是有"东五台山"美誉的佛教圣地，有着丰富的文化内涵。盘山最著名的景观天成寺小区，坐落在"三盘之胜"的下盘，清乾隆皇帝替身和尚云海法师曾在此修行。寺院内有飞帛涧、涓涓泉、御碑、宝塔，以及虬枝四伸、形如伞盖的千年古柏、古银杏。寺内大雄宝殿、三圣殿、江山一览阁、卧云楼等建筑，雄伟庄严，朴实素雅，既弥漫着浓厚的佛教色彩，又具有宫苑气氛和园林风格，使人流连忘返。见图3.15。

图 3.15　盘山

三、河北省重要旅游景区

河北，简称冀，省会是石家庄。河北环抱首都北京，东与天津毗邻并紧傍渤海，东南部、南部邻山东、河南两省，西与山西省为邻，西北部、北部与内蒙古自治区交界，东北部与辽宁省接壤。河北省是全国唯一兼有高原、山地、丘陵、平原、湖泊和海滨的省份，也是旅游资源大省。主要的旅游资源有承德避暑山庄、广府古城文化旅游区、西柏坡红色旅游区、山海关、北戴河、野三坡等。

（一）承德避暑山庄

承德避暑山庄为国家级风景名胜区、国家 5A 级旅游景区、全国重点文物保护单位、世界文化遗产。见图 3.16。

图 3.16　承德避暑山庄

避暑山庄，又称"热河行宫"、"承德离宫"。它从康熙四十二年（1703 年）开始动工兴建，至乾隆五十七年（1792 年）最后落成，历时 89 年。清代前中期的几位皇帝几乎每年都来这里消夏避暑，处理政务，通常是每年农历四五月份来，九十月份返回北京。避暑山庄实际上已成为清朝的第二政治中心。整个山庄占地 564 万平方米，山庄可分为宫殿区和苑景区两部分，宫殿区由正宫、松鹤斋、万壑松风和东宫四组建筑组成。苑景区又分为山区、湖区、平原区三部分，以山区面积最广，约占山庄总面积的70%。山庄集全国园林精华于一园，具有南秀北雄的特点。

（二）西柏坡红色旅游区

西柏坡红色旅游区为国家级风景名胜区、国家5A级旅游景区、红色旅游经典景区、爱国主义教育基地。见图3.17。

西柏坡位于河北省平山县中部，是解放战争时期中央工委、中共中央和解放军总部的所在地，是全国著名的五大革命圣地之一。1992年开始新修建了西柏坡石刻园（2011年扩建改名为西柏坡丰碑林）、西柏坡雕塑园、五大书记铜铸像、西柏坡纪念碑、周恩来评语碑、西柏坡文物保护碑、西柏坡青少年文明园、西柏坡廉政教育馆等革命传统教育系列工程，极大地丰富了西柏坡纪念馆的教育内容。2011年9月被国家旅游局评为"国家AAAAA级旅游景区"。中国共产党在西柏坡时期创立的丰功伟绩和铸就的西柏坡精神将永载史册。

图3.17　西柏坡红色旅游区

【知识拓展】

五大革命圣地

五大革命圣地是指井冈山、瑞金、遵义、延安、西柏坡，它们在中国革命的关键时刻曾发生过重要的历史事件，发挥了重要作用。

（三）广府古城文化旅游区

广府古城为"中国历史文化名镇"、"国家级湿地公园"、"中国太极拳之乡"、"东方神秘古城"、国家4A级旅游景区、文化旅游景点、国家水利风景区。地处华北平原南部，位于河北省邯郸市永年县东南20千米处，距离邯郸市区20千米，距今已有

2600多年的历史，为全国重点文物保护单位。因兴建于元明清时期的古城墙保存完好，世界各地自发游客众多，网上称其为"被遗忘的神秘古城"，"广府古城"这个名字开始流传。见图3.18。

广府古城，因坐落于4.6万亩的永年洼湿地中央，为独一无二的旱地水城，被誉为"北国小江南"。因明清时期曾为冀南三府之一的广平府治所，故称为"广府"。

图3.18　广府古城

四、山西省重要旅游景区

山西因居太行山以西而得名，春秋时期，大部分地区为晋国所有，所以简称晋，省会太原。山西位于黄土高原东部，地形多为山地、丘陵，东有太行山、西有吕梁山，西、南以黄河与内蒙古、陕西、河南等省区为界，因而有"表里河山"的美誉。主要的旅游资源有五台山、平遥古城、雁门关、晋祠、云冈石窟、恒山等。

（一）五台山

五台山为国家级风景名胜区、国家5A级旅游景区、国家级森林公园、国家地质公园、世界文化景观遗产。见图3.19。

图3.19　五台山

五台山，位于山西省东北部忻州地区五台县东北隅，是我国著名的佛教四大名山之一，与四川峨眉山、浙江普陀山、安徽九华山齐名。五台山坐落于"华北屋脊"上，最高海拔达3058米。这里峰峦连绵，山岳交错，形如虎踞，势如龙蟠，总面积为2837平方千米。五台山由五座山峰环抱而成。五峰耸峙，高出云表，顶无林木，平坦宽阔，如垒土之台，故名"五台"。五台山有东、西、南、北、中五个台顶，即东台望海峰、西台挂月峰、南台锦绣峰、北台叶斗峰、中台翠岩峰，山峦层叠、沟壑纵横、谷河漫流、林木耸翠，盆地与山峦交错，形成一处色彩鲜明、气候凉爽、适宜人们游览和避暑的风光宝地。

（二）平遥古城

平遥古城为国家5A级旅游景区、文化旅游景点、世界文化遗产。平遥古城于1997年12月被列入《世界遗产名录》。见图3.20。

位于山西的平遥古城，是一座具有2700多年历史的文化名城，是中国目前保存最为完整的四座古城之一，也是目前我国唯一以整座古城申报世界文化遗产获得成功的古县城。平遥旧称"古陶"，明朝初年，为防御外族南扰，始建城墙，洪武三年（公元1370年）在旧墙垣基础上重筑扩修，并全面包砖。此后景德、正德、嘉靖、隆庆和万历各代进行过十次大的补修和修葺，更新城楼，增设敌台。康熙四十三年（公元1703年）因皇帝西巡路经平遥而筑了四面大城楼，使城池更加壮观。平遥城墙总周长6163米，墙高约12米，把面积约2.25平方千米的平遥县城分隔为两个风格迥异的世界。城墙以内的街道、铺面、市楼保留明清形制，城墙以外称新城。这是一座古代与现代建筑各成一体、交相辉映、令人遐思不已的旅游佳地。

图3.20　平遥古城

人称平遥有三宝，砌成的古城墙便是其一。在建城之初，此城墙仅为夯土筑成，规模较小。到明朝洪武三年（1370年）才扩建成现在的规模，至今虽历经600余年的沧桑风雨，但雄风犹存。这座周长约6千米的古城墙，有3000个垛口、72座敌楼，据说这象征孔子三千弟子及七十二贤人。此外，清朝后期，在古城东南角还曾修建了一座象征古城文运昌盛的魁星阁，由此可见，以孔子为代表的儒家思想影响之深远。

（三）雁门关

雁门关为国家5A级旅游景区。雁门关又名西陉关，位于中国山西省忻州市代县县城以北约20千米处的雁门山中，是长城上的重要关隘，与宁武关、偏关合称为"外三关"。2001年，雁门关被中华人民共和国国务院公布为第五批全国重点文物保护单位之一。见图3.21。

雁门关由关城、瓮城和围城三部分组成。关城城墙高10米，周长约1千米。墙体以石座为底，内填夯土，外包砖身，墙垣上筑有垛口。偏关位于偏关县黄河边，辖边墙四道，总长数百千米，至今仍有三十千米保存较好，全部包砖，高耸河岸，甚为壮观。"雄关鼎宁雁，山连紫塞长，地控黄河北，金城巩晋强。"这是古人对偏关的赞誉。早在战国时期，这里就是赵武灵王破林胡的战场，唐朝名将尉迟敬德在关东建九龙寺，宋代杨延昭威镇三关。现存关城为明洪武二十三年始建，为省重点文物保护单位。

图3.21　雁门关

雁门关素有"九塞尊崇第一关"美誉，南控中原，北扼漠原，是中国古代关隘规模宏伟的军事防御工程。

景区主要分为古雁门关景区、明雁门关景区。古雁门关，即铁裹门，"汉高祖北征"、"昭君出塞"、"宋徽钦二帝北掳"、"杨家将镇守三关"等重大历史事件均与此关联。有关城、雁门寨、古关道、隘口、常胜堡、猴岭长城、西陉寨、勾注祠、雁门渠、雁门关伏击战遗址、阳明堡飞机场遗址、孙传庭墓等著名景点。

四、内蒙古自治区重要旅游景区

内蒙古自治区，简称内蒙古，首府呼和浩特。位于中国北部边疆，是我国建立最早的民族自治区。全区基本是高原型地貌，大部分海拔 1000 米以上，内蒙古高原是中国四大高原中的第二大高原。内蒙古旅游资源丰富，主要旅游地有成吉思汗陵、五塔寺、响沙湾、呼伦贝尔草原等。

（一）成吉思汗陵

成吉思汗陵为国家 5A 级旅游景区、全国重点文物保护单位。见图 3.22。

成吉思汗陵占地约 5.5 公顷，但颇有特色，是我国内蒙古的一处主要旅游景点。成吉思汗陵坐落在内蒙古伊克召盟伊金霍洛旗甘德利草原上，距东胜市 70 千米。成吉思汗是一位传奇性的历史人物，因而他的陵寝对旅游者也有很强的吸引力。

成吉思汗陵的主体是由三个蒙古包式的宫殿一字排开构成。三个殿之间有走廊连接，在三个蒙古包式宫殿的圆顶上，金黄色的琉璃瓦在灿烂的阳光照射下熠熠闪光。圆顶上部有用蓝色琉璃瓦砌成的云头花，即是蒙古民族所崇尚的颜色和图案。

图 3.22　成吉思汗陵

（二）响沙湾

响沙湾旅游景区为国家 5A 级旅游景区（见图 3.23）。响沙湾地处陕西、山西、内蒙古金三角地带，景区面积为 24 平方千米，居呼和浩特市、包头市、鄂尔多斯市"金三角"开发区中心，被称作"黄河金腰带上的金纽扣"。响沙湾于 1984 年 1 月被开辟为旅游景点，2002 年被国家旅游局评定为国家 4A 级旅游景区，2011 年 1 月被评为国家 5A 级旅游景区，是一处自然生态、休闲度假区。经过多年的探索和开拓，景区现基本上形成"一村（一粒沙度假村）、一港（响沙湾港）、四岛（仙沙岛、悦沙岛、莲沙岛、福沙岛）"的格局。

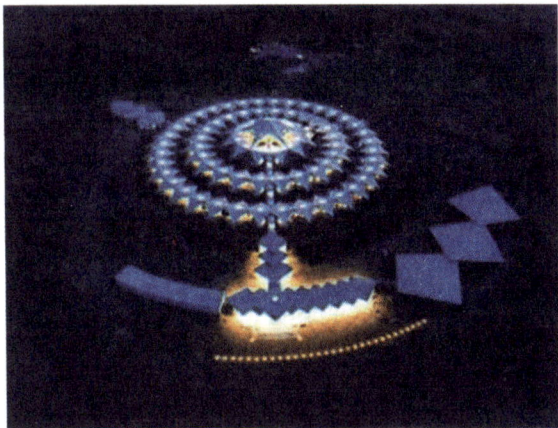

图 3.23　响沙湾旅游区

【知识拓展】

仙沙岛是响沙湾游览项目最集中的地方，有沙漠探险与高空滑索、冲浪与秋千、轨道自行车等各种精彩刺激的体验活动，适合各个年龄层次的游客。在这里还可以欣赏到惊险奇特的表演项目，比如，高空走钢丝、环球飞车、刀山、吃火、喷火，还有果老剧场的大型演出《沙漠杂技大世界》。

（三）满洲里套娃景区

满洲里套娃景区是国家 5A 级旅游景区——中俄边境旅游区的重要组成部分，是以满洲里和俄罗斯相结合的历史、文化、建筑、民俗风情为理念，集吃、住、行、游、购、娱为一体的大型俄罗斯特色风情园。景区内设套娃世界（见图 3.24）、欢乐地带、套娃剧场、俄罗斯民俗体验馆、俄蒙演艺剧场、极限乐园六大功能区，拥有享誉世界的俄罗斯大马戏、梦幻芭蕾舞剧、神秘奇幻的水幕实景演艺、世界最大的套娃主题酒店、30 余项现代化高科技娱乐设施、俄罗斯工艺品及特色食品加工直营等等，能够让游客领略到俄罗斯自由奔放的东欧人文。

图 3.24　满洲里套娃

第五节　风土人情

一、北京市

如果说胡同是北京街巷的集合名词，那么四合院则是北京传统住宅建筑的典型代表。

（一）传统习俗

四合院，也即东、西、南、北四面皆建有各自独立的房屋，并且合围而形成宽敞疏朗的院落。

坐北朝南的为正房，东西两边相对的是厢房，坐南朝北的称为倒座。院门一般开在东南角。

四合院从外在的规模到内在的居住分配，都体现着区分严格的等级界限。

就外在形式来看，小四合院，只有一个院落，南房北房各三间，东西厢房各两间。卧砖到顶，清水脊门楼。中四合院，有内外两进院落，正房五间并带有耳房。大四合院，现在所存的王府可以找到当时的特征：院落分为数进，抄手游廊连接房屋，并带有花园。正房前出廊后出厦，宫殿式门顶，木雕莲花瓣倒悬在门的两旁，称作垂花门。

就居住分配而言，家长居正房，晚辈住厢房，倒座一般用于书房和客厅。

四合院一排排相连，每排之间用于通风、采光的间隔地带是胡同，住在四合院的人们出入总要通过胡同。于是，一排排胡同和由它们连接的一排排四合院共同构成了北京的特色格局。

【知识拓展】

北京的城门

北京的城门有"内九外七皇城四"，各门都有其不同的用途。"内九"是指现在沿北京二环路的原九座城门：东直门、西直门、朝阳门、阜成门、崇文门、宣武门、前门、德胜门和安定门。东直门在明代称为崇仁门，是过往运送柴炭车的，叫作柴道。西直门在明代称和义门，是运水通道，每天一早从玉泉山运来的水，从和义门运进北京城，进入皇城。朝阳门在明代称为齐化门，是运粮通道。阜成门当时叫平则门，是运煤通道。崇文门叫哈德门，是运送酒的通道。宣武门叫顺治门，死囚从此门押出，拉到菜市口斩首。前门叫正阳门，是皇帝出入之门，平民不能走，只能走两旁的月门。德胜门是军队得胜班师回朝进入的门。安定门是军队出征时走的门。"外七"，包括广渠门、广安门、左安门、右安门、东便门、西便门和永定门，这些门是为老百姓入城做小买卖、打短工、走亲戚用的。"皇城四",是指大明门、地安门、东安门、西安门这四个门。

(二)特色美食

北京是世界第八大"美食之城",居内地之首。北京的风味小吃历史悠久、品种繁多、用料讲究、制作精细,堪称有口皆碑。除了小吃以外,还可以吃到很多时尚美食,比如簋街、三里屯、工体、中关村、CBD,这些地方汇集了很多北京及各国的特色美食。

北京烤鸭(见图3.25)是具有世界声誉的北京著名菜式,用料为优质肉食鸭北京鸭,果木炭火烤制,色泽红润,肉质肥而不腻。最著名的当属全聚德烤鸭,还有便宜坊等老字号。

炸酱面(见图3.26)是北京富有特色的食物,由菜码、炸酱拌面条而成。炸酱浓郁的香味配上劲道的面,是实实在在的老北京美食。在"海碗居"、"一碗居"等店铺里都有比较正宗的炸酱面。

图 3.25　北京烤鸭

图 3.26　老北京炸酱面

课堂活动　说一说你最喜欢的特色美食。

二、天津市

（一）传统习俗

天津的民间信仰广泛庞杂，清中叶以前，共有各类庙宇 500 余座，儒、释、道及民间或地方崇拜诸神无所不有，庙宇之多，全国罕见。自然物崇拜、动植物崇拜、祖先崇拜、民间杂神崇拜以及跳大神、算命、看风水等活动极为盛行，特别是对神灵的信仰目的性极强，多只祈求保佑现世生人。

在诸多民间信仰中尤以对海神天后崇拜顶礼至极，并将其与天津本土文化紧密结合，成为护佑三津的福主和城市保护神。津门历史也多与天后文化紧密相连，不仅有"先有天后宫，后有天津卫"的历史佳话，而且对天津经济、文化、风俗习尚等诸多方面均产生重大的影响。

（二）特色美食

天津小吃汇集八方特色，色香味堪称一绝。小吃制作多以面粉为主料，有油炸、煎烙、稀食和黏甜食四大类。其中最出名的有狗不理包子、桂发祥十八街麻花、耳朵眼炸糕，被誉为"津门三绝"。

到天津不吃"狗不理包子"（见图 3.27），是旅游者的遗憾。刚出屉的热气腾腾爽眼舒心的包子，看上去如同薄雾之中含苞秋菊，再咬上一口，油水汪汪，香而不腻。狗不理包子好吃关键在于选料、配放、搅拌以及揉面、擀面都是有一定的绝招儿，特别是包子褶花匀称，每个包子都不少于 15 个褶。"狗不理"包子铺原名"德聚号"，已有百余年历史，店主叫高贵友，他的乳名叫"狗子"。因其父四十得子，为求平安养子，故取其名。他的包子很受顾客欢迎，生意越做越火，"狗子"卖包子忙得顾不上与顾客说话，人们取笑他："狗子卖包子，一概不理。"日久天长，喊顺了嘴。包子出名了，高贵友的大名反倒被忘记了。狗不理包子不仅在历史上为慈禧太后喜爱，今天也深得大众百姓和外国友人的青睐，许多国家都已经"输入"了"狗不理"。

图 3.27　狗不理包子

桂发祥麻花（见图3.28），其特点是香、酥、脆、甜，在干燥通风处放置数月不走味，不绵软、不变质。桂发祥麻花的创始人是范贵才、范贵林兄弟，他们曾在天津大沽南路的十八街各开了"桂发祥"和"桂发成"麻花店，因店铺坐落于十八街，人们又习惯称其为十八街麻花。来天津旅游的国内外宾客，临走时都要带上几盒麻花，送亲朋好友。

图 3.28　十八街麻花

三、河北省

河北省境内北有燕山，西依太行，山区面积比较辽阔。山里人热情好客，自古成俗。

（一）传统习俗

冀西一带山里的居民，把家里来客人作为"吉利"的预兆。如果哪一家一年之中没有住过客人，就被认为来年不吉利。客人进家后，饮茶、吃饭、上菜均用大碗，不用盘、碟。饮茶时，碗里不能喝干。如果碗里没了茶，主人就会马上斟上一碗，直到喝剩了半碗为止。吃饭时，筷子要随时拿在手里，不能停放在桌上，否则会被误认是"瞧不起"主人。直到两根筷子平放在碗口上时，才被认为是吃饱了。只要筷子不平放在碗口上，随时就有可能再给盛上一大碗。北部燕山深处的一些地方，因冬季比较寒冷，各家各户都生火烧炕。家里来了客人时，总要被安排在最暖和的炕头，与主人全家同睡一条大炕，不能避嫌。哪一家门前有果木树，如果外地的客人从树下经过，住脚停看，只要有成熟的果子，主人立刻就会爬上树去采摘。特别是当地的一些土特产，像燕山板栗、赞皇大枣、涉县的柿干等等，客人不能拒绝，带走的东西越多，主人越高兴，认为自己被客人看得起，下一年的收成会更好。

（二）特色美食

河北的特色美食十分丰富，如沧州狮子头、火锅鸡、河间驴肉火烧、香河肉饼、金毛狮子鱼等。

沧州狮子头（见图3.29），是将猪肉切成丁后加入鸡蛋、葱等配料做成的丸子。

图 3.29　沧州狮子头

　　河间驴肉火烧（见图 3.30）的味道十分棒，外热里爽，清爽醇香。特别是驴肉火烧一定要趁热吃，趁热吃才能吃出驴肉火烧的精华所在。

图 3.30　河间驴肉火烧

四、山西省

（一）传统习俗

　　山西民间社火（见图 3.31）是中国传统大年春节期间的民间自演自娱活动，其由来已久，源自上古时期人们对土地与火的崇拜。社，即土地神；火为火祖，是传说中的火神。由此，民间产生了祭祀社与火的风俗，并且年年岁岁流传至今。

图 3.31 民间祭祀社火——踩高跷

（二）特色美食

"天下面食，尽在三晋"，山西面食从远古走向今天，也从黄土高原走向全国，走向世界。山西面食，不仅是中华民族饮食文化中的重要组成部分，也是世界饮食文化中的一朵奇葩。"山西面食馆"因具有山西特色而吸引着中外游人。山西老陈醋、沁州黄小米、交城骏枣、孝义火烧、太谷饼、山西汾酒等也颇有盛名。

刀削面（见图 3.32）是山西大同市的地方特色传统面食，为"中国十大面条"之一，流行于北方。它与北京的炸酱面、河南的烩面、湖北的热干面、四川的担担面，同称为"中国五大面食"，享有盛誉，是山西美食最具代表性的名片之一。

图 3.32 刀削面

平遥牛肉（见图 3.33）是山西晋中地区平遥县的特色传统名菜。平遥牛肉是博大精深、源远流长的中国美食文化的精华之一，古时候就有"卖刀买犊，卖刃买牛，游刃有余"的说法，用来表达对牛肉加工的描述。

图 3.33　平遥牛肉

五、内蒙古自治区

（一）传统习俗

　　献哈达是蒙古族的一项高贵礼节，献者躬身双手托着"哈达"递给对方，受者亦应躬身双手接过或躬身让献者将哈达挂在脖子上，并表示谢意。见图 3.34。

　　祭敖包是蒙古民族传统的习俗，是草原民族崇尚自然思想的表现形式之一。锡林郭勒盟是祭敖包历史遗存保存较为完整的地区。

　　摔跤是蒙古族传统的体育娱乐活动之一，位于蒙古族三大运动（摔跤、赛马、射箭）之首，不管是祭敖包，还是那达慕大会，都是不可缺少的主项。草原上的人们把蒙古式摔跤称作"博克"，有结实、团结、持久的含义。

图 3.34　献哈达

（二）特色美食

"金杯、银杯斟满酒，双手举过头；炒米、奶茶、手扒肉，请你吃个够。"这一首祝酒歌，是对蒙古族饮食文化的精确概括。

手扒肉（见图3.35）是蒙古人传统的食品之一，也是日常生活中肉食的主要吃法。做法是将肥嫩的绵羊用传统的方式宰杀，剥皮去内脏，去头去蹄，洗净，卸成若干块，放入白水中清煮，待水滚肉熟即取出，置于大盘中上桌，大家手拿蒙古刀大块大块地割着吃。因不用筷子，用手抓食而得此名。

图 3.35　手扒肉

烤全羊（见图3.36）是蒙古族人民膳食的一种传统地方风味肉制品，一道最富有民族特色的大菜，是千百年来游牧生活中形成的传统佳肴，也是蒙古族招待贵宾的传统名肴。烤全羊是目前肉制品饮食中健康、环保、绿色的美食，外表金黄油亮，外部皮肉焦黄香脆，内部肉质绵软鲜嫩，羊肉味清香扑鼻，让人一吃上瘾。

图 3.36　烤全羊

"风干牛肉"（见图3.37）是锡盟特产，被誉为"成吉思汗的行军粮"。牛肉干源于蒙古铁骑的战粮，携带方便，有丰富的营养。锡盟牛肉干选用大草原优质无污染新鲜牛肉，结合蒙古族传统手工与现代先进工艺制作而成。口味独特，回味无穷。

图 3.37　风干牛肉

【思考与练习】

1. 北京是中国的首都、直辖市、国家中心城市，请介绍它的文化。

2. 北京南苑机场地处北京市哪个区？其主要运营特点有哪些？

3. 长城是人类文明史上最伟大的建筑工程，它始建于哪一年？为何而建？

4. 故宫位于北京市中心，它的重要建筑特点和重要活动是什么？

5. 你最向往的华北旅游胜地是哪里？请简单加以介绍。

6. 内蒙古自治区有哪些习俗？请举例说明。

7. 请介绍你最感兴趣的某个地区的风俗。

8. 你喜欢哪个地区的美食，请简要介绍。

9. 在华北旅游区各省、直辖市，任选 2 个景点，各创作一篇导游词。

第四章 诗画山水 风景华东

华东旅游区地处长江中下游，气候宜人，交通便利，经济发达，旅游资源丰富且独特。

第一节 区域概述

华东旅游区包括上海市、山东省、江苏省、浙江省、安徽省、江西省、福建省六省一市，是我国交通最便利的地区之一，全区多数旅游城市和重要风景名胜区都有铁路相通。

一、自然地理环境

（一）地貌

该区地处中国地形三大阶梯的最低一级，地貌类型以平原、丘陵为主，自北向南依次为黄淮平原、皖中丘陵、长江中下游平原及长江三角洲、江南丘陵及闽浙丘陵。

黄淮平原是华北平原的一部分，位于苏皖二省北半部，地势西高东低，海拔在20~40米。连云港的云台山海拔600多米，是苏北的旅游胜地。

皖中丘陵海拔500米以下，分布有天柱山、琅琊山等风景名胜。

长江中下游地势低平，河网密布，湖泊众多，包括鄱阳湖平原、苏皖平原和长江三角洲。长江中下游平原以南的广大地区为低山丘陵地，包括江南丘陵和闽浙丘陵两部分。闽赣两省交界处丹霞地貌发育典型，是我国著名的丹霞地貌风景区。

（二）河流

该区域河流水量大、汛期长、泥沙少、无冰期，为开展水上旅游活动创造了有利条件。在河流流经地区及沿江两岸分布有丰富多彩的自然旅游资源，并孕育了各具特色的人文旅游资源。主要河流有长江及其支流、淮河、钱塘江、京杭大运河等。

该区域湖泊集中分布在长江两岸，我国五大淡水湖中的鄱阳湖、太湖、洪泽湖、巢湖都在本区域内。另外，杭州西湖、扬州瘦西湖、嘉兴南湖、淳安千岛湖均为全国闻名的湖泊风景旅游区。

（三）气候

本区域气候具有四季分明、冬温夏热、雨量丰富的特征，为典型的亚热带季风气候。温暖湿润的气候使本区域大多数地区的植被发育为常绿阔叶林，加之丘陵山地分布，使本区植被茂盛，花卉繁多，森林覆盖率高，形成一派山清水秀的秀丽景观。

二、人文地理环境

（一）旅游商品丰富多彩

该区域自然条件优越，历史悠久，物产非常丰富，提供了丰富多样的旅游商品，土特产和工艺品极具地方风格和民族特色。

著名的土特产品包括：杭州龙井、苏州碧螺春、祁江红茶、六安瓜片、金华火腿、南京板鸭等。著名的工艺美术品有景德镇的陶瓷、宜兴的紫砂陶器、无锡惠山的泥人、苏绣、南京的云锦、青田石雕、东阳木雕、泾县宣纸等。

（二）历史悠久，经济发达

长江中下游平原开发历史悠久，南北朝之后长期是我国的经济文化中心，形成了极具特色的文化环境，并造就了一批历史悠久、文化资源丰富的历史文化名城、名镇。近现代以来，该区经济继续领先于全国，其中上海是全国最大的城市与最大的工商业中心。经济的发达使本区成为我国重要的国内旅游客源地和旅游热点地区。

本区目前有上海浦东国际机场、上海虹桥国际机场、南京禄口国际机场、杭州萧山国际机场等众多机场，空港优势明显，空中交通发达。

第二节 重点城市及机场

一、南京市

（一）城市简介

南京，简称宁，古称金陵、建康，是江苏省省会、副省级市、南京都市圈核心城市，国务院批复确定的中国东部地区重要的中心城市、全国重要的科研教育基地和综合交通枢纽。全市下辖 11 个区，总面积 6587 平方千米，常住人口 827 万人，城镇人口 678.14 万人，城镇化率 82%，是长三角及华东区的特大城市。

南京地处中国东部、长江下游，濒江近海，是中国东部战区司令部驻地、长江国际航运物流中心、长三角辐射带动中西部地区发展的国家重要门户城市，也是东部沿海经济带与长江经济带战略交汇的重要节点城市。

南京是中国四大古都之一、首批国家历史文化名城，是中华文明的重要发祥地，历史上曾数次庇佑华夏之正朔，是四大古都中唯一未做过少数民族政权首都的古都，长期是中国南方的政治、经济、文化中心，有着 7000 多年文明史、近 2600 年建城史和近 500 年的建都史，有"六朝古都"、"十朝都会"之称。

南京是国家重要的科教中心，自古以来就是一座崇文重教的城市，有"天下文枢"、"东南第一学"的美誉。

（二）空港介绍——南京禄口国际机场

南京禄口国际机场（见图 4.1）位于江苏省南京市江宁区禄口街道，是华东地区第二大城市南京的门户、华东第三大国际机场，是中国主要干线机场、华东地区的主要货运机场，与上海虹桥国际机场、浦东国际机场互为备降机场；位列全国千万级大型机场行列，在华东地区大中型机场中，其货邮吞吐量和旅客吞吐量增幅分列第一和第二位，是中国大型枢纽机场、中国航空货物中心和快件集散中心、国家区域交通枢纽。

图 4.1 南京禄口国际机场

二、杭州市

（一）城市简介

杭州，简称杭，是浙江省省会，自秦朝设县治以来已有2200多年的历史，曾是吴越国和南宋的都城，是中国八大古都之一。因风景秀丽，杭州素有"人间天堂"的美誉。杭州得益于京杭运河和通商口岸的便利，以及自身发达的丝绸和粮食产业，在历史上曾是重要的商业集散中心，后来依托沪杭铁路等铁路线路的通车以及上海在进出口贸易方面的带动，轻工业发展迅速。

杭州人文古迹众多，西湖及其周边有大量的自然及人文景观遗迹。其中主要代表性的独特文化有西湖文化、良渚文化、丝绸文化、茶文化，以及流传下来的许多故事传说，成为杭州文化代表。2011年6月24日，杭州西湖（见图4.2）正式列入《世界遗产名录》。

图4.2　杭州西湖

（二）空港介绍——杭州萧山国际机场

杭州萧山国际机场（见图4.3）是中国十大机场之一，也是世界百强机场之一。该机场位于杭州市萧山区东部靖江镇，是中国重要的干线机场、国际定期航班机场、对外开放的一类航空口岸和国际航班备降机场，也是国务院确定的大型区域性枢纽机场。

杭州萧山国际机场是由原杭州笕桥机场民航部分异地搬迁新建，于2000年建成运营。2015年底机场旅客吞吐量约2800万人次，位列中国机场客流量前十，华东第三。

2015年，进驻杭州萧山国际机场的航空公司有55家，大型物流企业12家；拥有国内国际航线达100多条，机场从业人员超2万人。杭州萧山国际机场拥有3座航站楼和4E、4F跑道各一条，占地面积超过10平方千米。该机场还荣获了2011年"1500万~2500万人次全球最佳机场"奖项。见图4.3。

图 4.3　杭州萧山国际机场航站楼夜景

三、合肥市

（一）城市简介

合肥，简称庐，是安徽省省会，因泥、施二水交汇而得名。距今已有 2000 多年历史的合肥，素有"三国旧地、包拯故里"之称，古称庐州、庐阳，是合肥都市圈中心城市、综合性国家科学中心、"一带一路"和长江经济带战略双节点城市，是具有国际影响力的创新之都、皖江城市带核心城市，也是国务院批准确定的中国东部地区重要中心城市、全国重要的科研和教育基地与综合交通枢纽。

合肥地处中国东部地区、长江下游、巢湖之滨，濒江近海。全市下辖 4 个区、4个县、1 个县级市，总面积 11408.48 平方千米。2015 年，建成区面积 403 平方千米，常住人口 779 万。

合肥是国家历史文化名城，曾为扬州、合州、南豫州、庐州、德胜军、淮南西路等治所，有"江南唇齿，淮右襟喉"、"江南之首，中原之喉"之称，历为江淮地区行政军事首府。

合肥是国家重要的科教中心，也是全国首座国家科技创新型试点城市、世界科技城市联盟会员城市、中日韩围棋三国赛的永久举办地。截至 2015 年，合肥有高等院校 59 所、国家实验室 3 所、国家重大科学装置 4 座，是仅次于北京的国家重大科学工程布局重点城市。

（二）空港介绍——合肥新桥国际机场

合肥新桥国际机场（见图 4.4），于 2013 年 5 月 30 日正式建成通航，位于安徽省合肥市经开区高刘镇，距合肥市中心 31.8 千米，为 4E 级国际机场、区域枢纽机场，是华东机场群成员。

2013 年 5 月 29 日 24 时，安全运行 36 年的合肥骆岗国际机场永久关闭。2013 年 5月 30 日零点，合肥新桥国际机场正式启用。

2016 年，合肥新桥国际机场旅客吞吐量 739.19 万人次，同比增长 11.8%；货邮吞吐量 5.80 万吨，同比增长 13.3%；起降架次 6.37 万架次，同比增长 11.3%；分别位居中国第 35、第 33、第 41 位。

截至 2017 年 12 月，合肥新桥国际机场的跑道长 3400 米、宽 45 米；航站楼 1 座，面积 11 万平方米；站坪面积 36 万平方米，共设机位 27 个，其中廊桥机位 19 个，远机位 8 个。按照满足 2020 年旅客吞吐量 1100 万人次、货邮吞吐量 15 万吨的需要设计。

图 4.4　合肥新桥国际机场

四、福州市

（一）城市简介

福州，别称"榕城"，简称榕，是福建省省会，位于福建省东部、闽江下游及沿海地区。建城于公元前 202 年，历史上长期作为福建的政治中心。

福州是中国优秀旅游城市，名山、名寺、名园、名居繁多，独具滨江滨海和山水园林旅游城市风貌。福州拥有三坊七巷、平潭海坛、鼓山、青云山、十八重溪等国家重点风景名胜区，尤其是鼓山，人说"到了福州没上鼓山等于没来福州"。

福州市著名的历史古迹有 150 多处，其中，三坊七巷、林则徐墓、福州华林寺、乌塔、马尾船政遗址、福清弥勒岩、昙石山文化遗址、罗源陈太尉宫等已被列为国家重点文物保护单位。被誉为"福州碑林"的鼓山摩崖石刻、江南最古老的木结构建筑华林寺、"天下四大名碑"之一的"恩赐琅琊王德政碑"、被称为书法艺术瑰宝的李阳冰乌山摩崖石刻、记载明代郑和航海史料的"天妃灵应之记碑"、被誉为中国金石史上奇迹的雪峰寺"树腹碑"等也具有重大历史文化价值。

（二）空港介绍——福州长乐国际机场

福州长乐国际机场（见图 4.5），简称福州机场，位于中国福建省福州市长乐区（原福建长乐市），距离福州市中心约 45 千米，为 4E 级民用运输机场，是福建省主要的国际机场，是中国华东地区重要的航空国际口岸之一、中国东南沿海最繁忙机场之一，也是重要的航空客货集散地。

福州长乐国际机场于 1997 年 6 月 23 日正式通航，2015 年被定位为国家"一带一路"战略中的门户枢纽机场。该机场拥有一条长 3600 米的跑道，停机坪面积为 30 万平方米，候机楼总面积为 13.7 万平方米，航空货站建筑面积为 1.8 万平方米，机场可起降波音 747–400 型等大型飞机，年旅客吞吐量保障能力为 1300 万人次。

福州长乐国际机场已被民航局确定为"21 世纪海上丝绸之路"门户枢纽机场，这意味着该机场从一般枢纽机场上升为国家级门户枢纽机场，使之成为机场设施互联互通和打造空中交通走廊的核心节点。

图 4.5　福州长乐国际机场

五、南昌市

（一）城市简介

南昌，简称洪或昌，古称豫章、洪都，是江西省省会，也是新中国航空工业的发源地、中国重要的综合交通枢纽和光电产业基地、世界级的光伏产业基地。

南昌城始建于公元前 202 年，寓意"昌大南疆、南方昌盛"，是国家历史文化名城。"初唐四杰"之一的王勃在《滕王阁序》中称其为"物华天宝、人杰地灵"之地，南唐时期南昌府为"南都"。1927 年 8 月 1 日，"南昌起义"宣告中国共产党领导下的中国人民解放军从此诞生了。二千多年的建城史，留下海昏侯墓（汉废帝陵）、滕王阁、八大山人纪念馆、百花洲、八一起义旧址群等名胜古迹。

南昌制造了新中国的第一架飞机、第一批海防导弹、第一辆摩托车和拖拉机，是重要的制造中心。南昌区位优势独特，在新时代成为京港台高铁、沪深高速铁路、沪昆高铁、沪广高速铁路、福银高铁等线路交汇的全国综合交通枢纽之一。

（二）空港介绍——南昌昌北国际机场

南昌昌北国际机场（见图 4.6），位于中国江西省南昌市，距南昌市区约 28 千米，为 4E 级民用运输机场。

截至 2018 年 1 月，南昌昌北国际机场拥有 T1 航站楼 2.7 万平方米、T2 航站楼 9.66

万平方米，跑道 3400 米，停机位 51 个，可满足空客 A330、波音 777、波音 747 等各类大、中大型客机全重起降。

2017 年，南昌昌北国际机场完成旅客吞吐量 1093 万人次，同比增长 39.0%；航班起降 8.9 万架次，同比增长 35.2%；货邮吞吐量 5.2 万吨，同比增长 3.3%。

图 4.6 南昌昌北国际机场新航站楼

六、济南市

（一）城市简介

济南市，简称济，别称"泉城"，是山东省省会。济南因境内泉水众多，拥有"七十二名泉"，被称为"泉城"，素有"四面荷花三面柳，一城山色半城湖"的美誉。济南是国家历史文化名城、首批中国优秀旅游城市，也是史前文化"龙山文化"的发祥地之一。

济南历史悠久，区域内有新石器时代的遗址城子崖、先于秦长城的齐长城，还有被誉为"海内第一名塑"的灵岩寺宋代彩塑罗汉、隋代大佛。济南作为泉城，旅游资源丰富，济南的文化突出"泉城"特色，有四大泉群：趵突泉（见图 4.7）、黑虎泉（见图 4.8）、珍珠泉（见图 4.9）、五龙潭（见图 4.10）。济南市通过"保泉"计划，已经使得各大泉群全年喷涌成为现实。

图 4.7 趵突泉

图 4.8　黑虎泉

图 4.9　珍珠泉

图 4.10　五龙潭

（二）空港介绍——济南遥墙国际机场

济南遥墙国际机场（见图 4.11）位于济南市东北遥墙镇，距济南市中心 30 千米，占地 200 公顷。该场址地势平坦，净空条件好，交通方便，南靠济青高等级公路和胶济铁路，东邻风景秀丽的白云湖和鸭旺口天然温泉。济南遥墙国际机场距东岳泰山 100 千米、孔子故居 170 千米，是我国重要的干线机场之一，也是山东航空公司、中国东方航空公司和深圳航空公司的基地机场。

图 4.11　济南遥墙国际机场

七、上海市

（一）城市简介

上海市简称沪，别称申，大约在六千年前，现在的上海西部即已成陆地，东部地区成陆地也有两千年之久。相传春秋战国时期，上海曾经是楚国春申君黄歇的封邑，故上海别称为"申"。公元四五世纪时的晋朝，松江（现名苏州河）和滨海一带的居民多以捕鱼为生，他们创造了一种竹编的捕鱼工具叫"扈"，又因为当时江流入海处称"渎"，因此，松江下游一带被称为"扈渎"，以后又改"扈"为"沪"。

上海市是中国最大的经济中心城市，也是国际著名的港口城市，在中国的经济发展中具有极其重要的地位。上海市大部分地区位于坦荡低平的长江三角洲平原，水网密布，西南部散见小山丘，平均海拔高度约 4 米。境内辖有中国第三大岛崇明岛以及长兴、横沙等岛屿，黄浦江及其支流苏州河流经市区。

上海是一座具有光荣革命历史传统的城市，留下了无数革命者的足迹和不少革命遗址，有诞生中国共产党的中共一大会址，有革命先行者孙中山先生故居，有一代伟人毛泽东、周恩来同志寓所，有文化巨匠鲁迅先生的故居等。

20 世纪 90 年代以来，上海相继建成了一批享誉国内外的功能性建筑，构成了迷人的都市风景线，同时也成为上海的旅游新景观，向世人展示了上海的新风貌。比如，有象征上海的外滩，有被誉为"城市绿肺"的人民广场，有创造了十个"世界第一"的东方明珠广播电视塔，有曾经的中国第一摩天大楼金茂大厦，以及南京路步行街、上海博物馆、上海大剧院、上海城市规划展示馆等。

（二）空港介绍——上海浦东国际机场

上海浦东国际机场（见图 4.12）是中国（包括港、澳、台）三大国际机场之一，与北京首都国际机场、香港国际机场并称中国三大国际航空港。上海浦东国际机场位于上海浦东长江入海口南岸的滨海地带，占地 40 多平方千米，距上海市中心约 30 千米，距上海虹桥国际机场约 40 千米。

上海浦东国际机场航站楼由主楼和候机长廊两大部分组成，均为三层结构，由两条通道连接，面积达 28 万平方米，到港行李输送带 13 条，登机桥 28 座；候机楼内的商业餐饮设施和其他出租服务设施面积达 6 万平方米。

上海浦东国际机场一期改造工程完成后，具备年飞机起降 30 万架次、年旅客吞吐量 3650 万人次的保障能力。

目前，上海浦东国际机场日均起降航班达 560 架次左右，航班量已占到整个上海机场的六成左右。通航上海浦东国际机场的中外航空公司已达 60 家左右，航线覆盖 90 多个国际（地区）城市、60 多个国内城市。

图 4.12　上海浦东国际机场

【知识拓展】

上海虹桥国际机场

上海虹桥国际机场，位于中国上海市长宁区，距市中心 13 千米，为 4E 级民用国际机场，是中国三大门户复合枢纽之一、国际定期航班机场、对外开放的一类航空口岸和国际航班备降机场。

上海虹桥国际机场始建于 1921 年，于 1950 年重建；1971 年由军民合用改为民航专用；2010 年启用 2 号航站楼及第二跑道；2014 年底启动 1 号航站楼改造及东交通中心工程。

截至 2017 年 9 月，上海虹桥国际机场建筑面积 51 万平方米；航站楼面积 44.46 万平方米，拥有跑道两条，分别长 3400 米、3300 米；停机坪约 48.6 万平方米，共有 89 个机位。

第三节　重要航线及航空公司

一、华东区内重要航线

（一）北京—上海（PEK—SHA）

北京首都国际机场—上海虹桥国际机场，航班号是 CA1501，飞行距离约 1178 千米，全程飞行 1 小时 44 分钟，飞行高度 10000/11000 米，途经河北省，跨越黄河，到达山东省省会济南，飞越五岳之首泰山，到达江苏省，途经地标为洪泽湖、高邮湖、长江、无锡、太湖，最后抵达上海。

（二）北京—厦门（PEK—XMN）

北京首都国际机场—厦门高崎国际机场，**航班号是 CA1809**，飞行距离约 1774 千米，全程飞行 2 小时 38 分钟，飞行高度 10000 米，途经河北、山东、江苏、浙江、福建省，飞越的河流有大运河、黄河、长江、富春江、闽江，飞越的湖泊有微山湖、骆马湖、洪泽湖、高邮湖、太湖，跨越五岳之首泰山。

二、华东区重要航空公司

华东"六省一市"曾是东航的主要空运市场。其中，上海浦东、虹桥国际机场是东航及其子公司上海航空的主基地。目前在上海浦东国际机场运营的航空公司已经达到 60 多家，在上海虹桥国际机场运营的航空公司也有 10 多家。

济南、青岛、南京、合肥、杭州、宁波、厦门等空港城市的机场分别是山航、东航山东分公司、东航江苏分公司、东航浙江分公司以及厦航等航空公司的运营基地，同时还有国内多数航空公司以及部分国外航空公司在这些机场运营。

中国东方航空集团有限公司总部位于上海，是我国三大国有骨干航空运输集团之一，前身可追溯到 1957 年 1 月原民航上海管理处成立的第一支飞行中队。经过持续的产业结构调整和资源优化整合，该集团现已成为以航空运输及物流产业为核心，航空地产、航空金融、传媒广告、配餐饮食、贸易流通、实业发展、通用航空和产业投资等九大板块协同发展的大型航空产业集团。

作为集团核心主业的中国东方航空股份有限公司，1997 年成为首家在纽约、香港、上海三地上市的中国航企。目前，东航运营逾 600 架客货运飞机组成的现代化机队，主力机型平均机龄不到 5.5 年，是全球大规模航企中最年轻的机队之一。作为天合联盟成员，东航年旅客运输量超过 1 亿人次，位列全球第七；航线网络通达全球 177 个国家、

1062 个目的地，"东方万里行"常旅客可享受天合联盟 20 家航空公司的会员权益及全球 672 间机场贵宾室。

东航集团始终坚持服务于国计民生、服务于经济社会发展、服务于改革开放，追求"国家利益、经济效益、社会公益"的协调发展。2011 年，提出了"推进客货运转型、打造现代航空服务集成商"的发展方针；2012 年，在中国梦的感召下，提出了"东航梦"，即实现"打造世界一流、建设幸福东航"的两大战略目标。

2009 年以来，东航品牌得到了社会各界的广泛认可。继荣膺"中国民航飞行安全五星奖"之后，还荣登《财富》杂志（中文版）"最具创新力中国公司 25 强"、企业社会责任排行榜十强，并连续多年被国际品牌机构评为"中国最具价值品牌 30 强"，净资产回报率位列央企前列。

2017 年 12 月 30 日，中国东方航空集团公司完成公司制改制并领取新的营业执照，正式更名为中国东方航空集团有限公司。

2018 年 1 月，东航正式开放飞机上使用手机。

三、华东区航线特点

（1）上海航线头等舱和公务舱旅客多为经常往返的社会政要人物，对服务要求较高。

（2）厦门航线客人较多，大多是国内外旅行团，一般都是全家出行，客舱气氛比较活跃。

（3）航路状况较差，尤其是夏季飞行时，颠簸比较严重，往往会对飞行造成严重影响，轻则影响操纵，给旅客造成不适感；重则对机体造成损害，给乘务员和旅客造成伤害。

第四节　重要旅游景点

一、江苏省重要旅游景区

江苏省，简称苏，省会是南京，位于中国大陆东部沿海中心，公元 1667 年因江南省东西分置而建省，得名于"江宁府"与"苏州府"之首字。

江苏省际陆地边界线 3383 千米，面积 10.72 万平方千米，占中国的 1.12%，人均国土面积在中国各省区中最少。江苏地形以平原为主，平原面积达 7 万多平方千米，占江苏面积的 70% 以上，比例居中国各省首位。

江苏辖江临海，扼淮控湖，经济繁荣，教育发达，文化昌盛。地跨长江、淮河南北，京杭大运河从中穿过，拥有吴、金陵、淮扬、中原四大多元文化，是中国古代文明的发祥地之一。江苏地理上跨越南北，气候、植被也同时具有南方和北方的特征。

（一）中山陵

中山陵是中国近代伟大的民主革命先行者孙中山先生的陵寝，及其附属纪念建筑群，面积8万余平方米。中山陵自1926年春动工，至1929年夏建成，1961年成为首批全国重点文物保护单位，2006年列为首批国家重点风景名胜区和国家5A级旅游景区。

陵墓建筑按南北向中轴线对称布置在中茅山南麓的缓坡上，从空中往下看，中山陵像一座平卧的"自由钟"，取"木铎警世"之意。山下孝经鼎是钟的尖顶，半月形广场是钟顶圆弧，而陵墓顶端墓室的穹隆顶，就像一颗溜圆的钟摆锤，有"唤起民众，以建民国"之意（见图4.13）。

陵墓入口处有高大的花岗石牌坊，上有孙中山手书的"博爱"两个金字。从牌坊开始上达祭堂，共有石阶392级，代表着当时中国的三亿九千两百万同胞；8个平台，象征着三民主义、五权宪法。台阶用苏州花岗石砌成。

整个陵墓都用的是青色的琉璃瓦、花岗石墙面，显得庄重肃穆，青色象征青天，也符合中华民国国旗的颜色——青天白日满地红（见图4.14）。青天象征中华民族光明磊落、崇高伟大的人格和志气。青色琉璃瓦乃含天下为公之意，以此来显示孙中山为国为民的博大胸怀。

图4.13　陵墓总体建筑

图4.14　中山陵

（二）太湖

太湖位于长江三角洲的南缘，古称震泽、具区，又名五湖、笠泽，是中国五大淡水湖之一（见图4.15）。

太湖湖泊面积2427.8平方千米，水域面积为2338.1平方千米，湖岸线全长393.2千米。其西侧和西南侧为丘陵、山地，东侧以平原及水网为主。太湖地处亚热带，气候温和湿润，属季风气候。太湖河港纵横，河口众多，有主要进出河流50余条。

太湖水系呈由西向东倾泻之势，平均年出湖径流量为75亿立方米，蓄水量为44亿立方米。太湖岛屿众多，有50多个，其中18个岛屿有人居住。

相传，远在四千多年前，中国治水祖师夏禹奉舜帝姚重华之命在太湖治理水患，开凿了三条主要水道，东江、娄江、吴淞江，沟通了太湖与大海的渠道，将洪水疏导入海。这就是司马迁在《史记》中记载的"禹治水于吴，通渠三江五湖"。太湖水面辽阔，东西二百里，南北一百二十里，广为三万六千顷。

据科学考证，太湖的真正面貌是一个海迹湖，地理上称"潟湖"。原来这里是一个大海湾，由于长江、钱塘江泥沙的冲积，长江三角洲不断向东延伸，海湾因被泥沙淤积成的沙坝所封闭而形成了太湖，以后在河水和雨水的作用下，海水逐年淡化，于是就成了淡水湖。因此也有人说它是"海的儿子"。

图4.15　太湖

【知识拓展】

中国五大淡水湖

中国五大淡水湖分别是江西省的鄱阳湖、湖南省的洞庭湖、江苏省的太湖和洪泽湖，以及安徽省的巢湖。

（三）苏州园林

苏州古典园林，简称苏州园林，是世界文化遗产、国家5A级旅游景区、中国十大风景名胜之一。苏州古典园林素有"园林之城"之称，享有"江南园林甲天下，苏州园林甲江南"之美誉，誉为"咫尺之内再造乾坤"。

苏州地处水乡，湖沟塘堰星罗棋布，极利因水就势造园，附近又盛产太湖石，适合堆砌玲珑精巧的假山，可谓得天独厚；苏州地区历代百业兴旺，官富民殷，完全有条件追求高质量的居住环境；加之苏州民风历来崇尚艺术，追求完美，千古传承，长盛不衰，无论是乡野民居，还是官衙贾第，其设计建造皆一丝不苟，独运匠心。这些基本因素大大促进了苏州古典园林的发展。

据《苏州府志》统计，苏州在周代有园林6处，汉代4处，南北朝14处，唐代7处，宋代118处，元代48处，明代271处，清代130处。现存的苏州古典园林大部分是明清时期的建筑，包括大大小小几百座古典园林，至今保存完好的尚存数十处，代表了中国江南园林风格。

苏州古典园林至今保存完好并开放的有：始建于宋代的沧浪亭（见图4.16）、网师园，元代的狮子林，明代的拙政园（见图4.17）、艺圃，清代的留园（见图4.18）、耦园、怡园、曲园、听枫园等。其中，网师园、拙政园、留园、环秀山庄因其精美卓绝的造园艺术和个性鲜明的艺术特点于1997年底被联合国教科文组织列为"世界文化遗产"。

图 4.16 沧浪亭

图 4.17 拙政园

图 4.18 留园

课堂活动 选取一处你感兴趣的苏州园林，并以导游的形式向大家介绍该处景点。

二、浙江省重要旅游景区

浙江省，简称浙，省会是杭州，地处中国东南沿海长江三角洲南翼，东临东海，南接福建，西与安徽、江西相连，北与上海、江苏接壤。境内最大的河流钱塘江，因江流曲折，称为之江、折江，又称浙江，省以江为名。

浙江是吴越文化、江南文化的发源地，是中国古代文明的发祥地之一。早在 5 万年前的旧石器时代，就有原始人类"建德人"活动，境内有距今 7000 年的河姆渡文化、距今 6000 年的马家浜文化和距今 5000 年的良渚文化，是典型的山水江南、鱼米之乡，被称为"丝绸之府"、"鱼米之乡"。

（一）杭州西湖名胜区

杭州西湖风景名胜区位于浙江省杭州市中心，分为湖滨区、湖心区、北山区、南山区和钱塘区，秀丽的湖光山色和众多的名胜古迹闻名中外，是中国著名的旅游胜地，也被誉为人间天堂。景区内群山高度都不超过 400 米，环布在西湖的南、西、北三面，其中的吴山和宝石山像两只手臂，一南一北，伸向市区，构成优美的杭城空间轮廓线。景区总面积达 49 平方千米，其中湖面 6.5 平方千米，以湖为主体，旧称武林水、钱塘湖、西子湖，宋代始称西湖。由大量乔灌木组成疏落有致、大小不同的空间；以植物造景为主，辅以亭、台、楼、阁、廊、榭、桥、汀。西湖傍杭州而盛，杭州因西湖而名。"天下西湖三十六，其中最美是杭州"。2007 年 5 月 8 日，该景区经国家旅游局正式批准为国家 5A 级旅游景区。2011 年 6 月 24 日，"中国杭州西湖文化景观"正式被列入《世界遗产名录》。

西湖，位于浙江省杭州市西部，是中国主要的观赏性淡水湖泊，也是中国首批国家重点风景名胜区。西湖三面环山，面积约 6.39 平方千米，东西宽约 2.8 千米，南北长约 3.2 千米，绕湖一周近 15 千米。湖中被孤山、白堤、苏堤、杨公堤分隔，按面积大小分别为外西湖、西里湖、北里湖、小南湖及岳湖等五片水面，苏堤、白堤越过湖面，小瀛洲、湖心亭（见图 4.19）、阮公墩三个人工小岛鼎立于外西湖湖心，夕照山的雷峰塔与宝石山的保俶塔（见图 4.20）隔湖相映，由此形成了"一山、二塔、三岛、三堤、五湖"的基本格局。

图 4.19 湖心亭

图 4.20 保俶塔

【知识拓展】

西湖十景

"西湖十景"是指浙江省杭州市著名旅游景点西湖及其周边的十处特色风景。最著名的以南宋苏堤春晓、断桥残雪、曲院风荷、花港观鱼、柳浪闻莺、雷峰夕照、三潭印月、平湖秋月、双峰插云、南屏晚钟闻名。

西湖十景，景名合一，令人如临其境，如见其形，深受国内外广大游客欢迎，堪称景点命名的典范之作。西湖十景景名之美，甚至打动了国际古迹遗址理事会（ICOMOS）的评审专家，对西湖申遗成功有着不可磨灭的功绩。

（二）普陀山风景区

普陀山，国家5A级旅游景区、国家首批重点风景名胜区、中国佛教四大名山之一。普陀山既有悠久的佛教文化，又有丰富的海岛风光，古人称之为"海天佛国"、"南海圣境"、"人间第一清静地"。

普陀山大海怀抱，金沙绵亘，景色优美，气候宜人。著名景点如潮音洞、梵音洞、朝阳洞、磐陀石、二龟听法石、百步沙、千步沙、普济寺（见图4.21）、法雨寺（见图4.22）、慧济寺、南海观音（见图4.23）、大乘庵等。

普陀山是世界闻名的观音道场、佛教圣地，其宗教活动可追溯于秦。至唐朝，海上丝绸之路的兴起，促进了普陀山观音道场的形成，并迅速成为汉传佛教中心，传至东南亚及日、韩等国。至清末，全山已形成3大寺、88禅院、128茅蓬，僧众数千。"山当曲处皆藏寺，路欲穷时又逢僧"，史称"震旦第一佛国"。

普陀山四面环海，风光旖旎，幽幻独特，自古被誉为"人间第一清净地"。山上金沙、奇石、洞壑、潮音、幻景浑然一体，形成山海兼胜、水天一色的独特景观。景区四季分明，夏无酷暑、冬无严寒，属亚热带海洋性气候。年平均气温在20℃左右，年降水量为1100毫米左右。潮涨潮落，岛上常年空气清新，质量优级世所罕见，富含负氧离子，仿佛天然的"大氧吧"。森林覆盖率达80%，古树名木繁多，香花异草遍野，尤以普陀鹅耳枥为世界独存，属珍稀濒危国家一级保护植物。山上有国家二级以上动物30多种，是野生动物的天然乐园。

图4.21　普济寺

图4.22　法雨寺

图 4.23　南海观音

（三）绍兴鲁迅故居

绍兴鲁迅故居（见图 4.24），位于浙江省绍兴市内东昌坊口新台门内。主要景点有鲁迅祖居、三味书屋（见图 4.25）、百草园（见图 4.26）、鲁迅纪念馆等。祖居约建于 1810—1813 年，原为鲁迅家早年的住处。新中国建立后，经修缮，成立鲁迅纪念馆，于 1988 年被国务院公布为全国重点文物保护单位。

故居原为两进，前面一进已非原貌，周家的三间平房已被拆除。后面一进是五间二层楼房，东首楼下小堂前，是吃饭、会客之处，后半间是鲁迅母亲的房间，西首楼下前半间是鲁迅祖母的卧室。西次间是鲁迅诞生的房间。楼后隔一天井，是灶间和堆放杂物的三间平房。鲁迅故居后园是百草园，原是周家与附近住房共有的菜园，面积近 2000平方米，童年时代的鲁迅常在这里玩耍、捕鸟。绍兴东昌坊口 11 号是私塾三味书屋，12 岁至 17 岁的鲁迅在此读书。鲁迅故居几经修葺，恢复了旧貌。

图 4.24　鲁迅故居

图 4.25　三味书屋

图 4.26　百草园

三、安徽省重要旅游景区

安徽省，简称皖，省会是合肥市，位于中国大陆东部，由淮北平原、江淮丘陵、皖南山区等地形组成。境内的巢湖是中国五大淡水湖之一。安徽是中国史前文明的重要发祥地，拥有淮河、新安、庐州、皖江四大文化圈。

安徽省在气候上属于暖温带与亚热带的过渡地区。淮河以北属于暖温带半湿润季风气候，淮河以南属于亚热带湿润季风气候。其主要特点是：季风明显，四季分明，春暖多变，夏雨集中，秋高气爽，冬季寒冷。安徽又地处中纬度地带，随季风的递转，降水发生明显季节变化，是季风气候明显的区域之一。

安徽拥有丰富的旅游资源，自然景观与人文景观交相辉映，有小桥流水人家的古镇水乡，有众口颂传的千年名刹，有烟波浩渺的湖光山色，有规模宏大的帝王陵寝，有雄伟壮观的都城遗址，纤巧清秀与粗犷雄浑交汇融合。

（一）黄山

黄山（见图 4.27），位于安徽省黄山市，原名黟山，唐朝时更名为黄山，取自"黄帝之山"之意。黄山是世界自然和文化双遗产，为世界地质公园、中国十大名胜古迹之一、国家 5A 级旅游景区。

黄山以奇松、怪石、云海、温泉、冬雪"五绝"著称于世，拥有"天下第一奇山"之称，其中黄山的"迎客松"被称为中国国宝（见图 4.28）。"五岳归来不看山，黄山归来不看岳"是对黄山最好的评价。黄山不仅自然景观奇特，而且文化底蕴深厚，传说轩辕黄帝曾在此炼丹，所以黄山非但以景取胜，还是几千年来道家仙士的常游之所，李白等大诗人也在此留下了壮美诗篇。

黄山千峰竞秀，万壑峥嵘，有名可指的就有 72 山峰，其中"莲花"、"光明顶"、"天都"三大主峰，均在海拔 1800 米以上，拔地极天，气势磅礴，雄姿灵秀。黄山原名"黟山"，因山峰和岩石遥望青黑而得名。因传说轩辕黄帝曾在此采药炼丹、得道成仙，唐玄宗于是在天宝六年（公元 747 年）改"黟山"为"黄山"。

图 4.27　黄山

图 4.28　迎客松

（二）九华山

九华山，古称陵阳山、九子山，为中国佛教四大名山之一，有"仙城佛国"之称，位于安徽省池州市青阳县境内，素有"东南第一山"之称。唐朝李白的诗作《望九华赠青阳韦仲堪》曰："昔在九江上，遥望九华峰。天河挂绿水，秀出九芙蓉。"传说因此诗而更名为"九华山"。九华山北俯长江，南望黄山，东临太平湖，西接池阳，绵亘一百余千米，主要有九十九峰，最高的十王峰海拔 1342 米（见图 4.29）。

图 4.29　九华山

（三）皖南古村落——西递、宏村

西递、宏村为世界文化遗产，也是国家 5A 级旅游景区。西递、宏村位于安徽省黄山市黟县，是安徽南部民居中最具有代表性的两座古村落，以世外桃源般的田园风光、保存完好的村落形态、工艺精湛的徽派民居和丰富多彩的历史文化内涵而闻名天下，被誉为"画中的村庄"。

西递始建于北宋皇佑年间，发展于明朝景泰中叶，兴盛于清朝初期，至今已有近960 余年历史。东西长 700 米，南北宽 300 米，居民 300 余户，1000 多人口。因村边有水西流，又因古有递送邮件的驿站，故而得名"西递"，素有"桃花源里人家"之称。见图 4.30。

宏村始建于南宋绍熙年间，原为汪姓聚居之地，绵延至今已有 800 余年。背倚黄山余脉羊栈岭、雷岗山等，地势较高，经常云蒸霞蔚，有时如浓墨重彩，有时似泼墨写意，真好似一幅徐徐展开的山水长卷，被誉为"中国画里的乡村"。见图 4.31。

西递、宏村其"布局之工，结构之巧，装饰之美，营造之精，文化内涵之深"，为国内古民居建筑群所罕见，是徽派民居中的一颗明珠。

图 4.30　西递

图 4.31　宏村

课堂活动　依据安徽省的主要游览地及著名景区，分组讨论，设计出世界遗产探访之旅的旅游路线。

四、福建省重要旅游景区

福建，简称闽，省会是福州市，位于中国东南沿海，东北与浙江省毗邻，西面、西北与江西省接壤，西南与广东省相连，东面隔台湾海峡与台湾省相望。福建境内峰岭耸峙，丘陵连绵，河谷、盆地穿插其间，山地、丘陵占全省总面积的80%以上，素有"八山一水一分田"之称。地势总体上西北高东南低，横断面略呈马鞍形，主要山脉有武夷山、太姥山、戴云山、鹫峰山。

福建省气候大部分属于中亚热带湿润季风气候，南部属于南亚带湿润季风气候，夏无酷暑、冬无严寒，气候宜人，一年四季均可旅游。福建省的旅游资源以山清水秀、风景秀丽而闻名，有武夷山、厦门鼓浪屿——万石岩、泉州清泉山、福鼎太姥山、屏南鸳鸯溪等风景名胜区。

（一）鼓浪屿

鼓浪屿，为福建省厦门市思明区的一个小岛，是著名的风景区。原鼓浪屿区后被撤销行政区并入思明管辖，位于厦门岛西南隅，与厦门岛隔海相望。鼓浪屿原名"圆沙洲"，别名"圆洲仔"，明朝改称"鼓浪屿"。因岛西南方海滩上有一块两米多高、中有洞穴的礁石，每当涨潮水涌，浪击礁石，声似播鼓，人们称"鼓浪石"，鼓浪屿因此而得名（见图4.32）。

由于历史原因，中外风格各异的建筑物在此地被完好地汇集、保留，有"万国建筑博览"之称。龙头路商业街诸多火热商铺都贩卖各种厦门特色小吃，此岛还是音乐的沃土，人才辈出，钢琴拥有密度居全国之冠，又得美名"钢琴之岛"、"音乐之乡"，是一个非常浪漫的旅游景点。有乡贤林承强题联赞曰：鼓浪悬帆今胜昔，堆金积玉慨而慷。

图 4.32　厦门鼓浪屿

（二）武夷山

武夷山，位于福建省武夷山市南郊，山脉北段东南麓总面积 999.75 平方千米，是中国著名的风景旅游区和避暑胜地。武夷山通常指位于福建省武夷山市西南 15 千米的小武夷山，称福建第一名山，属于典型的丹霞地貌，是首批国家级重点风景名胜区之一。

武夷山是三教名山。相传上古尧帝时期，彭祖率领族人移居到闽北一带。当时此地洪水泛滥，到处汪洋一片。彭祖的两个儿子彭武和彭夷带领族人堆山挖河，疏浚洪水。后人为了纪念武、夷两兄弟，就把堆山的山脉叫作"武夷"。自秦汉以来，武夷山就为羽流禅家栖息之地，留下了不少宫观、道院和庵堂故址。武夷山还曾是儒家学者倡道讲学之地。

武夷山（见图 4.33）是座历史文化名山。早在新石器时期，古越人就已在此繁衍生息。如今悬崖绝壁上遗留的"架壑船"和"虹桥板"，就是古越人特有的葬俗。武夷山还是绿色植物的王国和动物栖息、繁衍的理想场所，有"动物乐园"、"蛇的王国"、"昆虫世界"、"鸟的天堂"、"天然植物园"等美称。

图 4.33　武夷山

中国丹霞

中国丹霞是一个世界自然遗产的"系列提名",根据国际、国内专家的意见,经过几轮筛选,最后上报的提名地由湖南崀山、宁夏西吉火石寨、广东丹霞山、福建泰宁、江西龙虎山、贵州赤水、浙江江郎山等中国西南、西北地区7个著名的丹霞地貌景区组成。"丹霞地貌"是已故著名地质学家、中国科学院院士冯景兰和陈国达先生于20世纪20—30年代在广东韶关丹霞山命名,并在中国发展起来的一个特殊地貌类型,被称为中国的"国粹"。

(三)太姥山

太姥山位于福建省东北部,在福鼎市正南,距市区45千米,约在东经120°与北纬27°附近。太姥山挺立于东海之滨,三面临海,一面背山,主峰海拔917.3米。它北望雁荡山,西眺武夷山,三者成鼎足之势。

相传尧时老母种兰于山中,逢道士而羽化仙去,故名"太母",后又改称"太姥"。闽人称太姥、武夷为"双绝",浙人视太姥、雁荡为"昆仲"。太姥山是国家重点风景名胜区、国家地质公园,位于闽浙边界的福建省福鼎市境内,北邻浙江温州118千米,南距福建福州200千米,雄峙于东海之滨,山海相依、傲岸秀拔,以"山海大观"称奇。传说东海诸仙常年聚会于此,故有"海上仙都"的美誉。见图4.34。

图4.34 太姥山

**课堂
活动** 你喜欢福建省哪个景区?为什么?

五、江西省重要旅游景区

江西省,简称赣,省会是南昌市,别称赣鄱大地,是江南"鱼米之乡",古有"吴头楚尾,粤户闽庭"之称。因公元733年唐玄宗设江南西道而得省名,又因省内最大河流为赣江而简称赣。

除北部较为平坦外，东、西、南部三面环山，中部丘陵起伏，成为一个整体向鄱阳湖倾斜而往北开口的巨大盆地。全境有大小河流 2400 余条，赣江、抚河、信江、修河和饶河为江西五大河流。鄱阳湖是中国第一大淡水湖。江西处北回归线附近，全省气候温暖，雨量充沛，年均降水量 1341~1940 毫米；无霜期长，为亚热带湿润气候。

江西省享有"物华天宝、人杰地灵"的盛誉。它山川秀丽、风景优美，历史上人文荟萃，宗教昌盛，名胜古迹、宫观寺院遍布全省。

（一）庐山

庐山，是中华十大名山之一，又名匡山、匡庐。庐山地处江西省北部庐山市境内，东偎婺源鄱阳湖，南靠南昌滕王阁，西邻京九大通脉，北枕滔滔长江，耸峙于长江中下游平原与鄱阳湖畔。余邵诗云："长江南岸鄱湖畔，拔地庐山风景妍；峭壁陡崖飞瀑布，奇峰秀岭绕云烟。"庐山多峭壁悬崖，瀑布飞泻，云雾缭绕，险峻与柔丽相济，大山、大江、大湖浑然一体，以"雄"、"奇"、"险"、"秀"闻名于世。庐山素有"匡庐奇秀甲天下"之美誉（见图 4.35）。

江西庐山是中华文明的发祥地之一。这里的佛教和道教庙观，代表理学观念的白鹿洞书院，以其独特的方式融汇在具有突出价值的自然美之中，形成了具有极高美学价值的，与中华民族精神和文化生活紧密联系的文化景观。

图 4.35　庐山

（二）滕王阁

滕王阁，是江南三大名楼之一，位于江西省南昌市西北部沿江路赣江东岸，始建于唐朝永徽四年，因唐太宗李世民之弟——李元婴始建而得名，并因初唐诗人王勃诗句"落霞与孤鹜齐飞，秋水共长天一色"而流芳后世（见图 4.36）。

贞观年间，唐高祖李渊之子、唐太宗李世民之弟李元婴曾被封于山东滕州，故为滕王，且于滕州筑一阁楼，名为"滕王阁"（已被毁），后滕王李元婴调任江南洪州（今江西南昌），因思念故地滕州修筑了著名的"滕王阁"，此阁因王勃一首《滕王阁序》为后人熟知，成为永世的经典。滕王阁与湖北黄鹤楼、湖南岳阳楼并称为"江南三大名楼"。历史上的滕王阁先后共重建达 29 次之多，屡毁屡建。

图 4.36　滕王阁

（三）井冈山

井冈山（见图 4.37），是江西省县级市，由江西省吉安市代管，位于江西省西南部，地处湘赣两省交界的罗霄山脉中段，古有"郴衡湘赣之交，千里罗霄之腹"之称。井冈山市位于北纬 26.34°，东经 114.10° 之间，东邻泰和县，北接永新县，南邻遂川县，西接湖南省茶陵县、炎陵县。

井冈山革命根据地是土地革命战争时期，中国共产党在湖南、江西两省边界罗霄山脉中段创建的第一个农村革命根据地。1927 年 10 月，毛泽东率领经"三湾改编"后的秋收起义部队到达宁冈，先后在宁冈、永新、茶陵、遂川等县恢复和建立了党组织，发展武装力量，开展游击战争，领导农民打土豪分田地，建立红色政权，实行工农武装割据，创立了党领导下的第一个农村革命根据地，井冈山也因此被称为"中国革命的摇篮"，每年前往瞻仰、游览的中外游客不计其数。

图 4.37　井冈山

六、山东省重要旅游景区

山东省，因居太行山以东而得名，简称鲁，省会是济南。先秦时期隶属于齐国、鲁国，故而别名齐鲁。山东地处华东沿海、黄河下游、京杭大运河中北段，是华东地区的最北端省份。西部连接内陆，从北向南分别与河北、河南、安徽、江苏四省接壤；中部高突，泰山是全境最高点。

山东是儒家文化发源地，儒家思想的创立人孔子、孟子，以及墨家思想的创始人墨子、和文化的创始人柳下惠、军事家吴起等，均出生于鲁国。姜太公在临淄（今淄博市临淄区）建立齐国，成就了齐桓公、管仲、晏婴、鲍叔牙、孙武、孙膑等一大批志士名人；齐国还创建了世界上第一所官方举办、私家主持的高等学府——稷下学宫。

（一）天下第一泉风景区

天下第一泉风景区，位于山东省济南市，是国家 5A 级旅游景区，景区总面积 3.1 平方千米，由"一河、一湖、三泉、四园"组成。一河是护城河，一湖是大明湖，三泉是趵突泉、黑虎泉、五龙潭三大泉群，四园是趵突泉公园、环城公园、五龙潭公园、大明湖风景区，是集独特的自然山水景观和深厚的历史文化底蕴于一体的旅游景区，风景优美。

该景区以天下第一泉趵突泉为核心，泉流成河、再汇成湖，并与明府古城相依相生，泉、河、湖、城融为一体，集中展现了独特的泉水水域风光。泉城最负盛名的趵突泉、黑虎泉、五龙潭三大泉群 71 处名泉齐聚景区，其数量之多、形态之美、水质之优、历史文化之厚堪称世界之最。大明湖（见图 4.38）是由众泉汇集而成的天然湖泊，泉水由湖南岸流入，水满时从湖北岸始建于宋代的北水门流出，湖底由不透水的火成岩构成，恒雨不涨，久旱不涸，素有"众泉汇流，平吞济泺"之说，被誉为"泉城明珠"。"四面荷花三面柳，一城山色半城湖"是它的最好写照。

图 4.38 大明湖

【知识拓展】

天下第一泉

我国历史上有"天下第一泉"之称的四大名泉是：镇江中冷泉、庐山谷帘泉、北京玉泉、济南趵突泉。

（二）泰山

泰山，是世界文化与自然双重遗产、世界地质公园、全国重点文物保护单位、国家重点风景名胜区、国家 5A 级旅游景区（见图 4.39）。

泰山位于山东省泰安市中部，主峰玉皇顶海拔 1545 米，气势雄伟磅礴，有"五岳之首"、"天下第一山"之称。在汉族传统文化中，泰山一直有"五岳独尊"的美誉。自秦始皇封禅泰山后，历朝历代帝王不断在泰山封禅和祭祀，并且在泰山上下建庙塑神，刻石题字。

泰山风景以壮丽著称，重叠的山势，厚重的形体，苍松巨石的烘托，云烟的变化，使它在雄浑中兼有明丽，静穆中透着神奇。最为有名的是"泰山四大奇观"。

泰山素有"五岳之首"之称。传说泰山为盘古开天辟地后其头颅幻化而成，因此中国人自古崇拜泰山，有"泰山安，四海皆安"的说法。历代帝王君主多在泰山进行封禅和祭祀，各朝文人雅士亦喜好来此游历，并留下许多诗文佳作。

泰山拥有交横重叠的山势，堆叠厚重的形体，辅以苍松、巨石和环绕的烟云，形成了肃穆与奇秀交织的雄壮景象。

图 4.39　泰山

（三）曲阜明故城

曲阜明故城，是世界文化遗产、世界三大圣城之一、国家 5A 级旅游景区、国家风景名胜区、国家重点文物保护单位、中国三大古建筑群之一。曲阜明故城位于山东省济宁曲阜市静轩西路，是以曲阜的孔庙、孔府、孔林为旅游依托。

孔庙（见图 4.40）坐落在曲阜城内，其建筑规模宏大、雄伟壮丽、金碧辉煌，是中国最大的祭孔要地。庙内共有九进院落，以南北为中轴，分左、中、右三路，纵长 630 米，横宽 140 米，有殿、堂、坛、阁 460 多间，门坊 54 所，"御碑亭" 13 座。游览孔庙应着重游览中轴线上的奎文阁、十三碑亭、杏坛、大成殿及其两庑的历代碑刻。其碑刻之多仅次于西安碑林，所以它有我国第二碑林之称。

孔府西与孔庙为邻，是孔子世袭"衍圣公"、世代嫡裔子孙居住的地方，是我国仅次于明、清皇帝宫室的最大府第。孔府占地 240 多亩，有厅、堂、楼、轩等各式建筑 463 间，分为中、东、西三路。东路为家庙，西路为学院，中路为主体建筑。

孔林（见图 4.41）是孔子及其后代的墓园，位于曲阜城北，占地达 3000 余亩。孔林是中国规模最大、历史最久、保存最完整的氏族墓群和人造植物园。林中墓冢累累，碑碣林立，石仪成群，洙水河横贯东西，除孔子、孔鲤、孔伋这祖孙三代墓葬和建筑外，还有孔令贻、孔毓垿、孔闻韶、孔尚任墓等。墓碑中有李东阳、严嵩、翁方纲、保绍基、康有为等名家的手迹石刻。

孔庙、孔府、孔林，既是中国古代推崇儒家思想的象征和标志，也是研究中国历史、文化、艺术的重要实物。

图 4.40　孔庙

图 4.41　孔林

课堂活动　请你设计一条山东省两日游的旅游路线。

七、上海市重要旅游景区

20 世纪 90 年代以来，上海相继建成了一批享誉国内外的功能性建筑，构成了迷人的都市风景线，同时也成为上海的旅游新景观，向世人展示了上海的新风貌。比如，有象征上海的外滩，有被誉为"城市绿肺"的人民广场，有创造了十个"世界第一"的东方明珠广播电视塔，有曾经的中国第一摩天大楼金茂大厦，以及南京路步行街、上海博物馆、上海大剧院、上海城市规划展示馆等。

（一）豫园

豫园位于上海市老城厢的东北部，北靠福佑路，东临安仁街，西南与上海老城隍庙毗邻，是江南古典园林，始建于明代嘉靖、万历年间，占地三十余亩。

园内有江南三大名石之称的玉玲珑、1853年小刀会起义的指挥所点春堂，园侧有城隍庙及商店街等游客景点（见图4.42）。

豫园在1961年开始对公众开放，1982年被国务院列为全国重点文物保护单位。豫园原是明代的一座私人园林，始建于明代，截至2015年已有四百余年历史。园主人四川布政使潘允端从1559年（明嘉靖己未年）起，在潘家住宅世春堂西面的几畦菜田上建造园林。经过二十余年的苦心经营，建成了豫园。"豫"有"平安"、"安泰"之意，取名"豫园"，有"豫悦老亲"的意思。

豫园当时占地七十余亩，由明代造园名家张南阳设计，并亲自参与施工。古人称赞豫园"奇秀甲于东南"，"东南名园冠"。

图4.42　豫园

（二）东方明珠广播电视塔

东方明珠广播电视塔是上海的标志性文化景观之一，位于浦东新区陆家嘴，塔高约468米。该建筑于1991年7月兴建，1995年5月投入使用，承担上海6套无线电视发射业务，地区覆盖半径80千米。

东方明珠广播电视塔是国家首批5A级旅游景区。塔内有太空舱、旋转餐厅、上海城市历史发展陈列馆等景观和设施，1995年被列入上海十大新景观之一。电视塔的塔身具有较强的稳定性，其设计抗震标准为"7级不动，8级不裂，9级不倒"。此外，该建筑还有着良好的抗风性能。

（三）外滩

外滩位于上海市中心黄浦区的黄浦江畔，即外黄浦滩，自1844年（清道光廿四年）

起这一带被划为英国租界，成为上海十里洋场的真实写照，也是旧上海租界区以及整个上海城市近代开始的起点（见图4.43）。

外滩南起延安东路，北至外白渡桥，在这段1.5千米长的外滩西侧，矗立着52幢风格迥异的古典复兴大楼，素有外滩万国建筑博览群之称，成为旧上海时期的金融中心、外贸机构的集中地，也是旧上海资本主义的写照，一直以来被视为上海的标志性建筑和城市历史的象征。

与外滩隔江相对的浦东陆家嘴，有上海标志性建筑东方明珠、金茂大厦、上海中心大厦、上海环球金融中心等，则成为中国改革开放的象征和上海现代化建设的缩影。

上海外滩面对开阔的母亲河——黄浦江，背倚造型严谨、风格迥异的建筑群。由于其独特的地理位置及近百年来在经济活动领域对上海乃至中国的影响，它具有十分丰富的文化内涵。上海外滩的江面、长堤、绿化带及美轮美奂的建筑群所构成的街景，是最具有特征的上海景观。1995年被评选为"90年代上海十大新景观"之一。

图4.43　外滩

（四）淀山湖景区

淀山湖，简称庭湖，原名"薛淀湖"，"薛"是指松江云间九峰之一的"薛山"，宋代之后，史料文献上才出现了"淀山湖"。它位于上海市青浦区，被誉为"东方日内瓦湖"，距上海市中心区60千米，是上海最大的淡水湖泊，也是上海的母亲河——黄浦江的源头，环湖散落着享誉盛名的朱家角古镇、上海大观园、东方绿舟、上海太阳岛、陈云纪念馆等5个国家4A级景区。

淀山湖总面积62平方千米，相当11.5个西湖，而且水质清澈，有千岛湖的湖岛相连纵观，又有兔耳岭石草相互称景之美。它适宜开展水上运动，亦是上海赛艇、龙舟、帆船等水上运动的训练中心。2006年，淀山湖被评为第六批国家级水利风景区。

（五）上海金茂大厦

上海金茂大厦由美国芝加哥SOM设计事务所设计规划，由Adrian Smith主创设计，上海现代建筑设计有限公司配合设计。设计师将世界建筑潮流与中国传统建筑风格结合。上海金茂大厦整幢大楼的垂直偏差仅2厘米，可以保证12级大风不倒，能抗7级地震。

上海金茂大厦的外墙由大块的玻璃墙组成，反射出似银非银、深浅不一、变化无穷的色彩。玻璃分为两层，中间有低温传导器，外面的气温不会影响到内部。

上海金茂大厦的大厅采用圆拱式的门框，墙面选用地中海有孔大理石，能起到隔音效果；地面大理石光而不亮，平而不滑。前厅内的八幅铜雕壁画集中体现了中国传统的书法艺术，它通过汉字，从甲骨文、钟鼎文一直到篆、隶、楷、草的演变，反映了中国上下五千年的文明史。通往宴会厅的走廊，是一条艺术长廊。

上海金茂大厦（见图 4.44），是当代建筑科技与历史的融合，成为上海乃至中国跨世纪的标志。作为 20 世纪中国高层建筑的代表作之一，它的标志性地位不仅仅是由于它的物化高度，更重要的是它具有的设计思想、高科技含量和文化品位。

图 4.44　上海金茂大厦

第五节　风土人情

一、江苏省

（一）传统习俗

周庄的摇快船始于清初。经过悠悠数百年的沿袭，摇快船已成为民间良辰佳节、喜庆丰收、婚嫁迎亲时群众喜闻乐见的大型娱乐活动。农民自备船只、服装、道具、锣鼓，自娱自乐，具有浓郁的水乡风情。每船备头篙，大小橹各一置船体左右两侧，每船配有十五六名身强力壮的橹手，出跳、扯篷、把橹，相互配合，船似飞箭出弦，用锣鼓助威，场面壮观。

扬州的特色服务业，有被公众一致认同的"三把刀"——剪发刀、扦脚刀、厨刀。

理发：扬州理发师善用刀剪，剃推，修面齐整，按额捶肩，颇有独到之处。

扦脚：用刀推、拉、磨、扦、搂、挖等工艺，使人舒畅无比。

厨刀：扬州厨工善用刀法，做工刀法细腻，尤其在蔬菜、豆制品、肉片等做工上体现得尤为充分，使人赞不绝口。

来到扬州，理个发、泡个澡、抟个脚，然后再去尝一下扬州有名的淮扬大菜，真是到扬州旅游的一大享受。

（二）特色美食

苏州阳澄湖大闸蟹（见图 4.45），产于阳澄湖。金秋九月，桂花飘香，是个赏月看秋景的好时期，也是吃螃蟹季节的开始。而到了十月深秋，这时螃蟹已经初长成，公蟹的蟹膏已经十分厚重，而母蟹的蟹黄也开始多起来，这时真正是个吃螃蟹的绝妙时期。

图 4.45　阳澄湖大闸蟹

南京咸水鸭（见图 4.46），是南京的名产，至今已经有了一千多年的历史。《白门食谱》记载：“金陵八月时期，盐水鸭最著名，人人以为肉内有桂花香也。”

图 4.46　南京咸水鸭

淮安盱眙小龙虾（见图 4.47），味道独特，兼具麻、辣、鲜、香，已经成为大众文化的一种，回味无穷，屡吃不厌，广受吃货们的喜爱。

图 4.47　淮安盱眙小龙虾

二、浙江省

（一）传统习俗

主要传统习俗是西塘庙会。每年的农历四月初三是西塘人民的守护神七老爷的生日，这一天要举行隆重的庙会活动，大家把七老爷和七夫人的行宫抬出庙门，从晚上十一点出发，在西塘各按预定路线走，一路旗帜飘扬，锣鼓震天，鞭炮齐鸣，浩浩荡荡巡游，镇上经过的许多地方都搭了帐篷，供七老爷与七夫人在帐内稍歇受供，到次日下午才回到庙中，于是在庙内开始演大戏，连演三天。几乎全城出动，打莲厢、扭秧歌、调龙舞狮，人声鼎沸、盛况空前，场面热闹非凡。

据传，明代崇祯年间，嘉善一带闹灾荒，乡野颗粒无收，处处饥民。当时有个姓金的老爷，是个朝廷押运粮食的小官，他专门在运河上押送粮船。一天，金老爷督运皇粮路经西塘，见鱼米之乡的百姓挨饿，在岸边围着求粮食，他便动了恻隐之心，将运粮船队所有粮食尽施于民。皇粮给了百姓，可是欺君之罪。金老爷知道逃不过惩罚，为了不牵连家人，也为了保护百姓，他毅然投身于雁塔湾的河里，自尽了。百姓分得粮食，度过灾年，对七老爷的义行感恩戴德。金老爷家中排行老七，人称金七，当地百姓为了纪念这位舍己救百姓的好官，集资造了一座七老爷庙。七老爷投河自尽后朝廷查清真相，为安抚人心，追封七老爷为"利济侯"，后又加封为"护国随粮王"，七老爷庙也同时改名为"护国随粮王庙"。四月初三已成为西塘人一年四季最大的民间节日。

（二）特色美食

太湖银鱼（见图 4.48），是太湖著名特产。银鱼肉质肥嫩鲜美，营养丰富。银鱼炒蛋、银鱼丸子、芙蓉银鱼和银鱼馄饨等是太湖名菜名点。

金华火腿（见图 4.49），由于所用原料和加工季节以及腌制方法的不同，又有许多不同的品种。如在隆冬季节腌制的，叫正冬腿；将腿修成月牙形的，叫月腿；用前腿加工，呈长方形的，称风腿；挂在锅灶间，经常受到竹叶烟熏烤的，称熏腿；用白糖腌制的，叫糖腿；还有与狗腿一起腌制的，称戌腿。

图 4.48　太湖银鱼羹

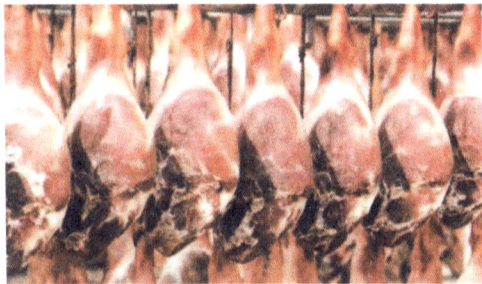

图 4.49　金华火腿

绍兴黄酒，具有诱人的馥郁芳香，来自米、麦曲本身以及发酵中多种微生物的代谢和贮存期中醇与酸的反应，它们结合起来就产生了馥香，而且往往随着时间的久远而更为浓烈。之所以绍兴酒称老酒，是因为它越陈越香。

三、安徽省

（一）传统习俗

主要传统习俗为徽州古牌坊民俗文化。牌坊(见图 4.50)是封建社会最高的荣誉象征，是用来标榜功德，宣扬封建礼数的。歙县牌坊很多，这与徽商的发展、兴起和程朱理学的发源、影响有着源远流长的关系。以儒学思想为精神世界主要内容的古代徽州人，地少不足以耕的自然条件成为他们向外拓展生存空间的主要动力。歙县人少小离乡背井，外出经商，足迹遍天涯。出门少则三年五载，多则数十载，为了高堂双亲有人照应，行前一般都要先完婚。在外经商，若不能发迹，则羞见家乡父老。商人发迹了，钱财显赫，明清时期，徽商达到鼎盛，出现了"无徽不成镇"的盛况，其财力左右国家经济命脉达三百余年之久。朝廷对徽商当然刮目相看，恩宠有加，徽商于是进入了"以商重文，以文入仕，以仕保商"的良性发展轨道。

图 4.50　徽州古牌坊守拙园

（二）特色饮食

淮南牛肉汤（见图4.51），是安徽省淮南市地方名小吃。选用沿淮黄牛肉、千张、豆饼、红薯粉丝等为原料，配上香料、高汤、辣椒油、葱、蒜、香菜等辅料制作而成。淮南牛肉汤是安徽美食的代表之一，成品汤味醇厚，鲜香爽辣，营养美味。

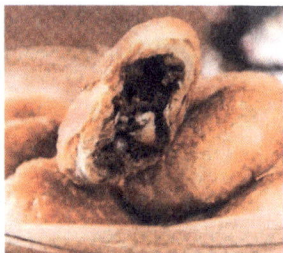

图 4.51 淮南牛肉汤	图 4.52 毛豆腐	图 4.53 黄山烧饼

毛豆腐（见图4.52），是徽州地区（今安徽省黄山市一带）的特色传统名菜，是通过人工发酵法，使豆腐表面生长出一层白色茸毛。由于豆腐通过发酵后其中的植物蛋白转化成多种氨基酸，故经烹饪后味特鲜。

黄山烧饼（见图4.53），又名"蟹壳黄烧饼"、"皇印烧饼"，是安徽徽州汉族传统名吃，盛行于古徽州地区及周边部分地区。因经木炭火焙烤后，形如螃蟹背壳，色如蟹黄，故得此名。其烧饼层多而薄，外形厚，口味香、甜、辣、酥、脆。

四、福建省

（一）传统习俗

民间相传玉皇大帝派灶神到人间监督每家每户的行为善恶，每年农历正月初四到任，年前十二月廿四任满上天禀报。祭灶（见图4.54）就是为灶神饯行。祭灶分两天举行：廿三夜"祭荤灶"，供品用鱼肉、美酒，希望灶神在玉帝面前能隐恶扬善；廿四夜"祭素灶"，只供水果、蔬菜和灶糖、灶饼。为的是怕灶神喝醉了酒，不分好坏，乱说一通。祭灶特别注重用糖，祭毕还抓一把糖在灶门口涂一遍，意思是把灶神嘴巴粘住，使其少说，不乱说。俗谓："上天讲好话，下界保平安。"在祭灶前外祖父母要送灶糖、灶饼和花面壳（化装面具）给外孙、外孙女。旧时医术不发达，迷信的人认为戴上花面壳能使瘟神见不到儿童的真面目，可以辟邪。

图 4.54 祭灶

（二）特色美食

七星鱼丸（见图 4.55），是福建著名的汤菜，一颗颗洁白如玉的丸子煮熟之后散落在汤中，就如同在空中的星斗，因此命名"七星鱼丸"。煮过后的鱼丸色泽洁白晶亮，吃起来爽口而不腻，久煮也不会变质。

图 4.55　七星鱼丸

图 4.56　佛跳墙

佛跳墙（见图 4.56），是福州的首席名菜，已有 100 多年历史，由聚春园菜馆老板郑春发所研创。食物种类繁多，将各种山珍海味汇聚一起，鱼翅、海参、干贝、香菇、鲍鱼等 20 多种原料煨制而成，食物都是上等食材，烹制过程同样需要严格操作，这样制作出的才能保证营养不流失，荤香浓郁，汤浓鲜美。

五、江西省

（一）传统习俗

婺源傩舞（见图 4.57），俗称"鬼舞"或"舞鬼"，历史悠久，节目众多，风格独特，是中国古代舞蹈艺术史研究的"活化石"，深为国内外专家、学者所关注。傩舞是我国古代长江流域流行的一种舞蹈，舞者戴着各种质朴而夸张的面具，带有鲜明的巫术色彩，最早是一种祈福和祷告的仪式，后来逐渐发展成为民间舞蹈。在《论语》、《古今事类全书》和《后汉书·礼仪志》等书籍中均有记载。傩舞在婺源段莘乡庆源村、秋口乡长径村和李坑村一带颇为盛行。傩舞的面具有四五十种，一般为木雕，脸谱生动，忠奸贤愚、喜怒哀乐都是表现的主题。傩舞的传统节目有《开天辟地》、《刘海戏金蟾》、《双猴捉虱》、《后羿射日》、《张飞祭枪》、《判官醉酒》、《猴王降耗子精》等数十个，舞蹈动作粗犷而朴实。

图 4.57　婺源傩舞

（二）特色美食

藜蒿炒腊肉（见图4.58），风味独特，在南昌不论是在普通市民家，还是在大小酒店的餐桌上，无不飘散着它的清香。因野生藜蒿春季生长于中国的最大淡水湖——鄱阳湖畔，加上南昌人喜食，故藜蒿有"鄱阳湖的草，南昌城的宝"之说。

图4.58 藜蒿炒腊肉

图4.59 瓦罐煨汤

瓦罐煨汤（见图4.59），可以说是非常具有人气的一道江西特色美食。采用民间古老的传统煨汤之妙法，以瓦罐为器，精配食物，加以天然矿泉水为原料，置入一米方圆的巨型大瓦缸内，以硬木质炭火恒温，煨制达七个小时以上而成。

南安板鸭，是江西的一道地方名优产品，选用新鲜肥美的鸭子进行烹制，外形美观，色泽白净，皮薄肉嫩，骨脆可嚼，味香可口，诱人食欲。南安板鸭已经成为国内外市场上的腊味珍品，而且还是赠礼的最佳选择，深受国内外人的赞叹不已。

六、山东省

（一）传统习俗

在每年夏历九月九日重阳节，人们要到千佛山登山，站在"赏菊岩"上赏菊。自从元代开始，就定九月九日为千佛山庙会。

千佛山附近盛产柿子，尤以大盒柿最为著名，庙会期间，适值大盒柿成熟上市，赶庙会者多买柿子而归，故千佛山庙会有"柿子会"之称。每年庙会期间，从山脚下到山腰兴国禅寺间一千米多的山路两旁，有固定和流动摊位1000多个，经营日用百货、土特产、风味小吃、工艺美术品等，来自省内外的民间艺术团体在庙会上表演杂技、马戏、歌舞等，人流如潮，热闹非凡。

（二）特色美食

德州扒鸡（见图4.60），始于清朝，传于民国，盛于当今，是享誉中外的历史名吃。其特点为：形色兼优、五香脱骨、肉嫩味纯、清淡高雅、味透骨髓、鲜奇滋补。

孟家扒蹄（见图4.61），是山东济南市的当地名吃，有软烂香醉、色泽细腻红润，肉烂脱骨而皮整，味鲜醇厚而鲜香的特点。

　　日照煎饼（见图4.62），是山东日照著名的汉族小吃，饼薄如纸，色调微黄，质细香甜，柔软可口，营养丰富，尤其是以小麦为原料制作的煎饼，配以鲜嫩豆腐和辣椒，更是美味可口。

图4.60　德州扒鸡

图4.61　孟家扒蹄

图4.62　日照煎饼

【知识拓展】

孟家扒蹄

　　孟家扒蹄历史可以追溯到二十世纪前期，起源于济南市五龙潭公园西南侧的"文升园"，与汇泉楼齐名。文升园的招牌菜就是孟家扒蹄，也叫"罐儿蹄"。到了1981年，"罐儿蹄"经过挖掘创新，吸其精华，拂其糟粕，自成一家，逐渐发展成了孟家扒蹄。孟氏扒蹄有软烂香醇、色泽细腻红润，肉烂脱骨而皮整，味鲜醇厚而鲜香的特点。

　　在这几十年的经营过程中，孟家扒蹄经历了风风雨雨，曲折坎坷，一路坚持过来靠的就是一个字："意"。意字拆开来为立、日、心三字，立的意思是要站立迎客以示尊重；日的意思是说，即不要吝啬话语，迎来送往，介绍产品，解释疑难，使顾客有宾至如归之感觉；心的意思是一心一意服务大众，用心对待每一位顾客。这就是孟家扒蹄的经营理念。门脸不大却生意兴隆，每天定量，晚到不仅排队而且经常买不到。

七、上海

（一）传统习俗

传统习俗主要为迎财神。上海人把农历正月初五称作是"路头神"，即"五路财神"的生日，故民间初四夜和初五有接财神之俗，近代上海工商业发达，故这种风俗尤受重视。初四夜半子时，家家祭供鲤鱼、羊头（谐音"利"和"洋头"），满堂香纸蜡烛，壁上高挂财神像，全家老小跪拜祈求今年财神爷送财降福，各商铺店肆也都在这时举行仪式迎接"财神"。初五日商界各家店主在清晨将新制的旗帜挂在财神位前，待祭好财神后才算新的一年开始营业。

（二）特色美食

上海红烧肉（见图4.63），主要以冰糖炒糖色，佐以少量酱油，因而色泽红亮诱人，肥而不腻，口感偏甜，入口酥软即化，回味无穷，展现了上海菜浓油赤酱的特色。

八宝辣酱（见图4.64），是著名的上海特色菜之一。以八种禽、肉、菜果为主要原料，通过拌、炒烹饪而成。味道香中带辣，故名"八宝辣酱"。由于菜的原料多样，因此颜色丰富，润泽光亮，鲜香微辣，咸甜适中。

上海生煎包（见图4.65），可以说是土生土长的上海点心，据说已有上百年的历史。生煎皮酥、汁浓、肉香、精巧。轻咬一口，肉香、油香、葱香、芝麻香全部的美味在口中久久不肯散去。由于上海人习惯称"包子"为"馒头"，所以在上海生煎包一般被称为生煎馒头。

图 4.63　上海红烧肉

图 4.64　八宝辣酱

图 4.65　上海生煎包

**课堂
活动**　同学们还了解哪些华东地区的特色饮食，请你介绍一下吧。

【思考与练习】

　　1. 举例说明华东旅游区的旅游资源有哪些特征。

　　2. 你最向往的华东旅游胜地是哪里？请简要加以介绍。

　　3. 简要介绍南京市、合肥市、上海市的概况。

　　4. 简要介绍天下第一泉旅游景区。

　　5. 简要介绍江苏省的风景旅游胜地。

　　6. 简要介绍山东省的风景旅游胜地。

　　7. 简要介绍江西省的风景旅游胜地。

　　8. 说一说你最想吃的特色美食。

第五章　人杰地灵　独秀中南

【学习目标】
1. 了解中南旅游区的概况。
2. 掌握中南旅游区的空港城市和机场。
3. 掌握中南旅游区的重要景点。
4. 了解中南旅游区的航线特点和风土人情。

中南旅游区是中国航空七大区划之一，全区经济比较发达，是我国重要的交通枢纽，具有发展旅游业的良好物质条件。

第一节　区域概述

中南旅游区总面积约 100 多万平方千米，人口约 4 亿人。本区包括华中地区的河南省、湖北省、湖南省，华南地区的广东省、广西壮族自治区和海南省 5 省 1 区，特大城市有广州（副省级）、深圳（副省级）、武汉（副省级）、长沙、郑州等。南部经济发达，广州、佛山、东莞等都属于珠江三角洲城市圈。中南旅游区是我国三大经济核心区，是世界制造产业基地。

全区自然条件复杂，具有暖温带和亚热带的气候与多样的自然景观。

矿产资源丰富，特别是有色金属储量丰富，质地优良。农业发达，轻重工业基础较好，水陆交通方便。

中南地区位于中国中部偏南的适中部位，主食多系大米，部分山区兼食番薯、木薯、蕉芋、土豆、玉米、大麦、小麦、高粱或杂豆。

在中南地区，食风中不仅具有热带情韵，还有浓郁的商贾饮食文化色彩。在这里，"吃"是人们调适生活、社会交际的重要媒介，含义丰富。它不但体现人与人之间的感情，有时还是身份、地位、金钱的象征。尤其是在生意场上，作用更为明显。在膳食结构中，每天必食新鲜蔬菜；肉品所占的份额较高，不仅爱吃禽畜野味，淡水鱼和海鲜的食用量都位居全国前列。因此，饮食开支大，饭菜质量高，烹调审美能力亦强。制菜习用蒸、煨、煎、炒、煲、糟、拌诸法，湘鄂两省喜好酸甜苦辣，其他省区偏重清淡鲜美，以爽口、开胃、利齿、畅神为佳。"食在广州"的美誉，足可与巴黎、东京等世界"食都"相抗衡。粤菜、湘菜位居中国八大菜系之中。

主要机场有郑州新郑机场、武汉天河国际机场、桂林两江国际机场、广州白云国际机场、深圳宝安国际机场、海口美兰国际机场、长沙黄花国际机场。

课堂活动 说一说你去过中南地区的哪些地方，有何感想？

第二节 重点城市及机场

一、郑州市

（一）城市简介

郑州市，简称郑，是河南省省会，地处华北平原南部，河南省中部偏北，黄河下游。郑州北临黄河，西依嵩山，东南为广阔的黄淮平原，是河南省的政治、经济、文化和交通中心，京广和陇海两大铁路干线在此交会，素有"中国铁路心脏"之美誉。

郑州地处中国地理中心，是全国重要的铁路、航空、高速公路、电力、邮政、电信主要枢纽城市，也是中国中部地区重要的工业城市。目前有汽车、装备制造、煤电铝、食品、纺织服装、电子信息等六大优势产业。氧化铝产量占全国总产量的50%，拥有亚洲最大、最先进的大中型客车生产企业，冷冻食品占全国市场份额的40%以上。

得益于其独特的地理位置，郑州也是历史上著名商埠，至今仍是中部地区重要的物资集散地，每年都会举办全国性、区域性大型商贸活动。郑州商品交易所是三大全国性商品交易所之一，"郑州价格"一直是世界粮食生产和流通的指导价格。

2017年1月22日，国家发展改革委正式复函支持郑州建设国家中心城市。

（二）空港介绍——郑州新郑国际机场

郑州新郑国际机场（见图5.1）简称"新郑机场"，别称"轩辕机场"，于1997年8月28日建成通航。郑州新郑国际机场位于郑州航空港区境内，坐落于郑州市区东南方向，距离郑州市区25千米，是郑州航空经济综合实验区的核心。它是中部地区首个拥有双航站楼、双跑道的机场，也是华中地区级别最高的飞机检修基地，还是实现高速公路、地铁、高铁等多种交通方式无缝衔接的综合交通换乘中心。郑州新郑国际机场是中国八大区域性枢纽机场之一。该机场的货运航线已通达全球主要货运集散中心，初步构建起了以郑州为亚太物流中心、以卢森堡为欧美物流中心，覆盖全球的航空货运网络。

以郑州新郑国际机场为核心的郑州航空经济综合实验区是中国唯——个国家级航空港经济综合实验区。

图 5.1　郑州新郑国际机场

二、武汉市

（一）城市简介

武汉，简称汉，是湖北省省会，国家区域中心城市（华中）、副省级市。武汉位于中国腹地中心，长江与汉江交汇处，地处江汉平原东部，世界第三大河长江及其最大支流汉水横贯市境中央，将武汉城区一分为三，形成了武昌、汉口、汉阳三镇隔江鼎立的格局。因武昌、汉口、汉阳三地合称而得名。唐朝诗人李白曾在此写下"黄鹤楼中吹玉笛，江城五月落梅花"，因此武汉自古又称江城。全市现辖 13 个城区，3 个国家级开发区，面积 8467 平方千米，境内江河纵横、湖港交织，上百座大小山峦，166 个湖泊坐落其间，水域面积占全市面积的 1/4，构成了极具特色的滨江滨湖水域生态环境。武汉是中国中部六省唯一的副省级市、国务院批准的中部地区中心城市，也是世界各大城市中人均拥有淡水量最多的城市，还是中国重要的科研教育基地、高等教育最发达的城市之一。

课堂活动　同学们，你们知道中国四大火炉是哪几个城市吗？

（二）空港介绍——武汉天河国际机场

武汉天河国际机场（见图 5.2），简称天河机场，建立于 1990 年，1995 年启用，位于湖北省武汉市黄陂区，距离武汉市区约 26 千米，是中国八大区域性枢纽机场之一、国家一级民用机场，也是中国最繁忙的航空港之一。

武汉天河国际机场被民航局定位为"全国重要的枢纽机场"，是其指定的华中地区唯一的综合枢纽机场和最大的飞机检修基地，机场设施完备，可起降各种大型客机。武汉天河国际机场旅客吞吐量和货邮吞吐量均位居中国前列。作为湖北省最大的机场和国内主要的干线机场，武汉天河国际机场也是中部地区唯一能够起降空客 A380 大型飞机的机场。

图 5.2　武汉天河国际机场

三、长沙市

（一）城市简介

长沙市隶属于湖南省，是湖南省省会，简称长，地处湖南省东部偏北，湘江下游和湘浏盆地西缘，北部宽约 88 千米，全市土地面积 1.1819 万平方千米，其中城区面积 1909.86 平方千米。长沙市是全国"两型"社会建设综合配套改革试验区核心城市，也是国家"十二五"规划确定的重点开发区域，还是湖南省的政治、经济、文化、科教和商贸中心。

长沙是湘楚文化的发源地，有三千年悠久的历史文化，约有两千四百年建城史，在春秋战国时期始建城，属于楚国。因屈原和贾谊的影响而被称为"屈贾之乡"。长沙又称"楚汉名城"，马王堆汉墓和走马楼简牍等重要文物的出土反映了其深厚的楚文化以及湖湘文化底蕴，位于岳麓山下的岳麓书院为湖南文化教育的象征。长沙在历史上涌现出众多名人，留下众多的历史文化遗迹，成为首批国家历史文化名城。

（二）空港介绍——长沙黄花国际机场

长沙黄花国际机场（见图 5.3），位于湖南省长沙市长沙县黄花镇，距离长沙城区 10 千米，为 4F 级民用国际机场，是中国十二大干线机场之一、国际定期航班机场、对外开放的一类航空口岸。2016 年 1 月，该机场成为实行 72 小时过境免签政策的航空口岸。

长沙黄花国际机场总建筑面积达 21.2 万平方米，共有两条跑道，长度分别为 3200 米、3800 米，可满足年吞吐量 3300 万人次；拥有通往国内、国际（地区）73 个城市共 100 余条定期航线。

图 5.3 长沙黄花国际机场

四、广州市

（一）城市简介

广州，简称穗，别称羊城、花城，是广东省会、副省级市、中国国家中心城市，世界著名的港口城市，国家重要的经济、金融、贸易、交通、会展和航运中心。从秦朝开始，广州一直是郡治、州治、府治的行政中心，两千多年来一直都是华南地区的政治、军事、经济、文化和科教中心。广州地处中国大陆南方、广东省中南部、珠江三角洲北缘，是中国的南大门、国家综合交通枢纽、国务院定位的国际大都市和国家三大综合性门户城市之一，社会经济文化辐射力影响东南亚。广州是国务院公布的第一批国家历史文化名城。广州文化主要是属于岭南文化的广府文化，此外还有客家文化等。广州也是广府文化的发源地和兴盛之地。

（二）空港介绍——广州白云国际机场

广州白云国际机场（见图 5.4）地处广州市花都区花东镇，距广州市中心海珠广场的直线距离约 28 千米，总投资超过 200 亿人民币，是目前国内规模最大、功能最先进、现代化程度最高的国际机场，是全国三大枢纽机场之一。

该机场前身为 1932 年（民国二十一年）始建的旧白云机场。1963 年，名称变为"广州白云国际机场"。2004 年 8 月 5 日，新广州白云国际机场正式启用。广州白云国际机场是广州市的一个新标志性建筑、一个展示新广州形象的窗口。2018 年 9 月，2017年全球最繁忙机场排名出炉，广州白云国际机场以旅客吞吐量 6600 万人次排名第 13 位。

该机场目前为中国南方航空、海南航空、深圳航空、联邦快递的枢纽机场及中国国际航空的重点机场。

图 5.4　广州白云国际机场

五、桂林市

（一）城市简介

桂林，地处广西东北部，是其东北地区的政治、经济、文化、科技中心，也是世界著名的风景游览城市和中国首批历史文化名城，桂林山水（见图5.5、图5.6）享有"桂林山水甲天下"的美誉。它是联合国世界旅游组织——亚太旅游协会旅游趋势与展望国际论坛永久举办地，也是中国首个以城市为单位建设的国家旅游综合改革试验区，并于2012年将桂林国际旅游胜地建设上升为国家战略。"两铁"建成后，与长沙、南宁、贵阳、广州等距3小时经济圈，成为连接湘、桂、黔、粤4省区乃至西南、中南、华南地区的交通枢纽。

图 5.5　桂林山水（一）

图 5.6　桂林山水（二）

（二）空港介绍——桂林两江国际机场

桂林两江国际机场（见图5.7），简称"两江机场"，位于桂林市临桂区两江镇，距市中心约28千米，是衔接"一带一路"的南北陆路新通道和面向东盟国家重要城市国际性机场、国务院定位的国际旅游航空枢纽及国际一级民用 4F 级干线机场，也是对外开放的一类航空口岸和国际航班备降机场。1991 年 9 月，经国务院、中央军委正式批准立项，并于 1993 年 7 月开工建设。1996 年 10 月 1 日，两江国际机场正式建成通航，之后三次在"全国旅客话民航"活动中荣获第一，两次获得"全国文明机场"称号，并被评为"全国绿化模范单位"。2015 年 7 月 28 日，桂林是全中国唯——个获批两项入、（过）境（免签）签证便利政策的城市；桂林两江国际机场是继北京、上海、广州、成都、重庆、沈阳、大连和西安之后，中国第 9 个实现 72 小时过境免签政策的机场，也是广西唯——个过境免签的机场及 4F 级机场。

图 5.7　桂林两江国际机场

六、海口市

（一）城市简介

海口（见图 5.8），别称椰城，是海南省省会、国家"一带一路"战略支点城市、北部湾城市群中心城市，地处海南岛北部，也是海南省政治、经济、科技、文化中心和最大的交通枢纽。

海口地处热带，热带资源呈现多样性，是一座富有海滨自然旖旎风光的南方滨海城市。海口由本岛海南岛（部分）、离岛海甸岛、新埠岛组成，总面积 3145.93 平方千米，其中，陆地面积 2284.49 平方千米，海域面积 861.44 平方千米。海口气候舒适宜人，生态环境一流，空气质量常年位居全国重点区域和 74 个城市之首，绿化覆盖率 43.5%，被世界卫生组织选定为中国第一个"世界健康城市"试点地。

海口拥有"中国魅力城市"、"中国最具幸福感城市"、"中国优秀旅游城市"、"国家环境保护模范城市"、"国家卫生城市"、"国家园林城市"、"国家历史文化名城"、"全国双拥模范城市"、"全国城市环境综合整治优秀城市"、"全国旅游标准化示范城市"等荣誉称号，曾荣膺由住建部颁发的"中国人居环境奖"，2016 年获评"最具创新力国际会展城市"。

图 5.8　海口市椰子岛

【知识拓展】

　　三亚位于海南岛的最南端，是中国最南部的热带滨海旅游城市。作为海滨城市，三亚是中国空气质量最好的城市、全国最长寿地区（平均寿命 80 岁）。

　　三亚市别称鹿城，又被称为"东方夏威夷"，位居中国四大一线旅游城市"三威杭厦"之首，拥有全岛最美丽的海滨风光。三亚市东邻陵水县，西接乐东县，北毗保亭县，南临南海。陆地总面积 1919.58 平方千米，海域总面积 6000 平方千米，其中规划市区面积约 37 平方千米。东西长 91.6 千米，南北宽 51 千米，常住人口为 74.19 万人，聚居了汉、黎、苗、回等 20 多个民族。三亚是海南省南部的中心城市和交通通信枢纽，也是中国东南沿海对外开放黄金海岸线上最南端的对外贸易重要口岸之一。

　　（二）空港介绍——海口美兰国际机场

　　海口美兰国际机场（见图 5.9）位于海南省海口市东南方向琼山市美兰镇，距离市区直线距离 15 千米，其航线覆盖全国各大中型城市，并有至港澳台地区以及曼谷、吉隆坡、新加坡等地的国际航班，于 1999 年 5 月 25 日正式通航。该机场有一条采用填石法修建的长 3600 米的跑道，质量优良，飞行区标准达到 4E 级，高达 70.34 米的航管塔台，是目前亚洲最高的机场指挥塔之一，可满足世界各种大型机型的起落。海口美兰国际机场有"园林式机场"的美称，机场内空气清新，景色宜人，设备完善，服务周到，机场可绿化面积绿化率达 99.6%。该机场内建筑和绿化既具有浓郁的热带风光特色，又巧妙地融合了中国古典园林精髓，环境宜人，被誉为"中国第一生态园林机场"。

图 5.9　海口美兰国际机场

第三节　重要航线及航空公司

一、中南区内重要航线

（一）北京—广州（PEK—CAN）

北京首都国际机场—广州白云国际机场，航班号是 CA1301，飞行距离约 1967 千米，全程飞行 2 小时 40 分钟，飞行高度 9800/10100 米，飞机从北京出发，经过河北省魏县，飞越黄河，进入河南省周口，经过淮河、河口，到达湖北武汉，飞越长江、洪湖，进入湖南省，途经龙口，越过罗霄山、南岭，到达广东省广州市。

（二）北京—武汉（PEK—WUH）

北京首都国际机场—武汉天河国际机场，航班号是 CA1333，飞行距离 1120 千米，全程飞行 1 小时 25 分钟，飞行高度 9000/9600 米，飞机从北京出发，途经河北、河南、湖北省，飞越黄河、淮河、长江，最终到达武汉。

二、中南区重要航空公司

中南地区是南航的主要空运市场。其中，广州白云国际机场是南航的主基地，还有海航、深航的分公司在此设运营基地，美联邦快递设亚太转运中心。在此运营的国内航空公司有国航、东航、山航、厦航、川航、上航等 10 多家。国外和地区航空公司有：天合联盟主要成员俄罗斯航、墨西哥航、西班牙欧洲航、法航、意大利航、达美航、捷克航等；星空联盟的主要成员德国汉莎货运、北欧航、新加坡航、全日空、泰国航等；此外，还有非洲的埃及航、埃塞俄比亚航等。目前在广州白云国际机场运营的航空公司约 50 多家。

深圳宝安国际机场是深圳航空的主基地，也是南航深圳分公司、海航深圳分公司、东海航空货运等航空公司运营基地。

南航总部设在广州，以蓝色垂直尾翼镶红色木棉花为公司标志，是中国运输飞机最多、航线网络最发达、年客运量最大的航空公司，拥有新疆、北方等 16 家分公司和厦门航空等 6 家控股航空子公司，在珠海设有南航通航，在杭州、青岛等地设有 22 个国内营业部，在新加坡、纽约等地设有 68 个国外办事处。

截至 2017 年底，南航运营包括波音 787、777、737 系列，空客 A380、A330、A320 系列等型号客货运输飞机超过 750 架，是全球首批运营空客 A380 的航空公司。2017 年，南航旅客运输量超过 1.26 亿人次，连续 39 年居中国各航空公司之首；机队规模居亚洲第一、世界第三。

南航安全飞行纪录卓越，保持着中国航空公司最好的安全纪录，安全纪录和安全管理水平处于国际领先地位。2018 年 6 月，南航荣获中国民航飞行安全最高奖"飞行安全钻石二星奖"，是国内安全星级最高的航空公司。

2018 年 10 月，南航登上福布斯 2018 年全球最佳雇主榜单。同年 11 月 15 日，南航宣布退出天合联盟。

三、中南区航线特点

（1）广州、深圳航线商务人士和做生意的旅客较多。
（2）部分旅客习惯讲地方话。
（3）无人陪伴和第一次乘坐飞机的旅行团老年旅客较多。
（4）"海岛游"旅客多，常年居住在三亚、海口等城市。

第四节　重要旅游景点

一、河南省重要旅游景区

河南，古称中原、豫州、中州，简称豫，因历史上大部分位于黄河以南，故名河南。河南位于中国中东部、黄河中下游，东接山东、安徽，北接河北、山西，西连陕西，南邻湖北，呈承东启西、望北向南之势。

河南共下辖 17 个地级市、1 个省直辖县级市、52 个市辖区、20 个县级市、85 个县，省会郑州。河南省总人口约 1.1 亿人，常住人口 9000 多万人。河南是中国第一人口大省、第一农业大省、新兴工业大省和劳动力输出大省。河南是中国重要的经济大省。

河南是中华民族与中华文明的主要发祥地之一，中国古代四大发明中的指南针、造纸、火药三大技术均发明于河南。历史上先后有 20 多个朝代的 200 位皇帝建都或迁都河南，中国八大古都河南有四个，即十三朝古都洛阳、八朝古都开封、七朝古都安阳、夏商古都郑州。河南旅游资源丰富，代表性的景区有嵩山少林景区、龙门石窟、云台山景区、殷墟等。

（一）嵩山少林景区

嵩山（见图 5.10），是世界道教主流——全真派圣地，古称"中岳"，为中国著名的五岳之一。地处登封市西北面，是五岳的中岳。总面积约为 450 平方千米，由太室山与少室山组成，最高峰连天峰 1512 米；东西绵延 60 多千米。主峰峻极峰位于太室山，高 1491.7 米；最高峰连天峰位于少室山，高 1512 米。嵩山北瞰黄河、洛水，南临颍水、箕山，东接五代京都汴梁，西连十三朝古都洛阳，素有"汴洛两京、畿内名山"之称。由于奇异的峻峰，宫观林立，故为中原地区第一名山。嵩山曾有 30 多位皇帝、150 多位著名文人亲临，更是神仙相聚对话的洞天福地。《诗经》有"嵩高惟岳，峻极于天"的名句。

图 5.10　中岳嵩山

少林寺（见图 5.11），位于中国河南省登封嵩山五乳峰下，是少林武术的发源地、中国佛教禅宗祖庭，有"禅宗祖庭"、"天下第一名刹"之誉。少林寺因建在少室山下的密林中而得名。少林寺塔林是少林寺历代和尚的坟墓，佛教界有名望、有地位的和尚圆寂后，把他们的骨灰或尸骨放入地宫，上面造塔，以示功德。塔的高低、大小和层数的多少，主要根据和尚们生前对佛学造诣的深浅、威望高低、功德大小来决定的。少林寺塔林现有 232 座塔，占地面积 1.4 万多平方米，历经唐、宋、金、元、明、清不同年代，是中国现存面积最大、数量最多、价值最高的一个古塔建筑群。塔的层数不同，一般为一至七级，高度约在 15 米以下，造型多样，种类繁多，形态奇特。这些塔是各历史时期的代表作，是综合研究我国古代建筑、书法、雕刻艺术的宝库。

图 5.11　少林寺

课堂 活动 说一说中国著名的五岳是指哪几座名山。

（二）焦作云台山

焦作云台山（见图5.12）为国家级风景名胜区、国家5A级旅游景区、国家水利风景区、国家地质公园、科普教育基地。

云台山景区以世界第五、全国第三的名次被联合国教科文组织命名为全球首批世界地质公园而在国内外引起瞩目，名扬世界。

云台山以山称奇，整个景区奇峰秀岭连绵不断，主峰茱萸峰海拔1308米，踏千阶的云梯栈道登上茱萸峰顶，北望千里太行深处，巍巍群山层峦叠嶂，南望怀川大平原，沃野千里、田园似棋、黄河如带、山水相连，不禁使人心旷神怡，领略到"会当凌绝顶，一览众山小"的意境。

云台山以水叫绝，素以"三步一泉，五步一瀑，十步一潭"而著称。落差314米的全国和亚洲最高大瀑布——云台天瀑，犹如擎天玉柱，蔚为壮观。天门瀑、白龙潭、黄龙瀑、丫字瀑皆飞流直下，形成了云台山独有的瀑布景观。多孔泉、珍珠泉、王烈泉、明月泉清冽甘甜，让人流连忘返。青龙峡景点有"中原第一峡谷"美誉，这里气候独特，水源丰富，植被原始完整，是生态旅游的好去处。

图5.12 焦作云台山

二、湖北省重要旅游景区

湖北省，位于中国中部偏南、长江中游，洞庭湖以北，故名湖北，简称鄂，省会武汉。湖北省地势大致为东、西、北三面环山，中间低平，略呈向南敞开的不完整盆地。以长江、汉水为干流的水系，纵横交错，大小湖泊星罗密布，素有"鱼米之乡"和"千湖之省"之称。

湖北历史悠久，素有"荆楚"之称，是楚文化的发祥地。

湖北旅游资源丰富多彩，具有浓郁的地方特色，山水园林、名胜古迹和革命纪念地是湖北旅游资源的三大特色，在全国占有相当重要的地位。

　　主要的旅游资源有武汉黄鹤楼公园、宜昌三峡大坝旅游区、武当山风景区、神农架生态旅游区、神农架自然保护区等。

（一）黄鹤楼

　　黄鹤楼（见图5.13）位于湖北省武汉市长江南岸的武昌蛇山峰岭之上，面对鹦鹉洲，与湖南岳阳楼、江西滕王阁、山东蓬莱阁合称中国四大名楼，为国家5A级旅游景区，享有"天下江山第一楼"、"天下绝景"之称。黄鹤楼是武汉市标志性建筑，与晴川阁、古琴台并称武汉三大名胜。

　　黄鹤楼始建于三国时代吴黄武二年（公元223年）。唐代著名诗人崔颢在此题下《黄鹤楼》一诗，使它闻名遐迩。

　　黄鹤楼坐落在海拔61.7米的蛇山顶，京广铁路的列车从楼下呼啸而过。楼高5层，总高度51.4米，建筑面积3219平方米。黄鹤楼内部由72根圆柱支撑，屋面用10多万块黄色琉璃瓦覆盖构建而成，外部有60个翘角向外伸展，恰似黄鹤腾飞。

图5.13　黄鹤楼

（二）武当山

　　武当山（见图5.14），道教圣地，位于湖北省十堰市丹江口境内。武当山又名太和山、谢罗山、参上山、仙室山，古有"太岳"、"玄岳"、"大岳"之称。武当山是联合国公布的世界文化遗产地之一，是中国国家重点风景名胜区、国家5A级风景区。

　　武当山也是道教名山和武当武术的发源地。武当武术，是中华武术的重要流派。元末明初，道士张三丰集其大成，开创武当派，并影响至今。武当山古名太和山，是我国著名的道教圣地之一，不仅拥有奇特绚丽的自然景观，而且拥有丰富多彩的人文景观。因此被誉为"亘古无双胜境，天下第一仙山"。武当山山势奇特，一峰擎天，众峰拱卫，既有泰山之雄，又有华山之险。悬崖、深涧、幽洞、清泉星罗棋布。自古以来，武当山便是道家追求仙境的理想之地，道教建筑遍及全山，规模宏伟，相传上古时玄武在此得道飞升。

图 5.14　武当山

三、湖南省重要旅游景区

　　湖南，简称湘，省会长沙市，位于长江中游南部，因大部分地域处洞庭湖之南而得名"湖南"。因省内最大河流湘江流贯全境而简称"湘"。湖南东临江西，西接重庆、贵州，南毗广东、广西，北与湖北相连。该省东、西、南三面山地环绕，逐渐向中部及东北部倾斜，形成向东北开口不对称的马蹄形。省内大于海拔 2000 米高点的分布与地势总特点基本一致，集中分布在东、南、西三面的山地之中。湖南为大陆性亚热带季风湿润气候，冬寒冷而夏酷热，春温多变，秋温陡降，春夏多雨，秋冬干旱，气候的年际变化也较大。省内矿藏丰富，素以"有色金属之乡"和"非金属之乡"著称。湖南自古盛植木芙蓉，五代时就有"秋风万里芙蓉国"之说，因此又有"芙蓉国"之称。

　　湖南旅游资源丰富多彩，既有秀丽的自然风光，又有丰富的人文景观。著名旅游地有武陵源—天门山景区、长沙岳麓山—橘子洲景区、岳阳楼—君山岛景区、南岳衡山景区、韶山冲毛泽东故居、长沙岳麓书院等。

（一）岳麓山—橘子洲

　　岳麓山风景区位于湖南省长沙市岳麓区，海拔 300.8 米，占地面积 35.20 平方千米，是南岳衡山 72 峰的最后一峰，位于橘子洲旅游景区内，为城市山岳型风景名胜区，是中国四大赏枫胜地之一。岳麓山位于国家首批历史文化名城长沙市湘江西岸，依江面市，现有麓山、橘子洲、岳麓书院、新民学会四个核心景区。

　　岳麓山因南朝宋时《南岳记》中"南岳周围八百里，回燕为首，岳麓为足"而得名，融中国古文化精华的儒、佛、道为一体，包容了历史上思想巨子、高僧名道、骚人墨客共同开拓的岳麓山文化内涵。

　　橘子洲（见图 5.15）位于长沙市区中湘江江心，是湘江中最大的名洲，由南至北，横贯江心，西望岳麓山，东临长沙城，四面环水，绵延数十里，狭处横约 40 米，宽处横约 140 米，形状是一个长岛，是长沙的重要名胜之一。岳麓山—橘子洲风景区为世界罕见的集"山、水、洲、城"于一体的国家 5A 级旅游景区、国家重点风景名胜区、湖湘文化传播基地和爱国主义教育的示范基地。

凝望着滔滔北去的湘水，青年毛泽东在长沙橘子洲头挥笔写就脍炙人口的《沁园春·长沙》，抒发了心忧天下、济世救民的壮志豪情。洲以人传，诗壮名城。橘子洲介名山城市间，凌袅袅碧波上，被誉为"中国第一洲"。

图 5.15　橘子洲

（二）岳阳楼—洞庭湖

岳阳楼洞庭湖风景名胜区，位于湖南省岳阳市区西北部，为国家级风景名胜区，包括岳阳楼古城区、君山、南湖、芭蕉湖、汨罗江、铁山水库、福寿山、黄盖湖等 9 个景区，总面积 1300 多平方千米。

雄踞岳阳市西门城头的岳阳楼，建筑精巧雄伟，为我国江南三大名楼之一，是我国古建筑中的瑰宝，自古有"洞庭天下水，岳阳天下楼"之誉。

岳阳楼（见图 5.16）所处的位置极好。它屹立于岳阳古城之上，背靠岳阳城，俯瞰洞庭湖，遥对君山岛，北依长江，南通湘江，登楼远眺，一碧无垠，白帆点点，云影波光，气象万千。

自古以来，洞庭湖（见图 5.17）就以湖光山色吸引游人，历代著名文学家为之倾倒。唐李白诗云："淡扫明湖开玉镜，丹青画出是君山。"诗人刘禹锡也吟道："湖光秋月两相和，潭面无风镜未磨。遥望洞庭山水色，白银盘里一青螺。"洞庭湖是楚文化的摇篮，在历史的长河里留下许多名胜古迹。岳阳楼的出名，在很大程度上是由于北宋著名文学家范仲淹写了一篇不朽的散文《岳阳楼记》。

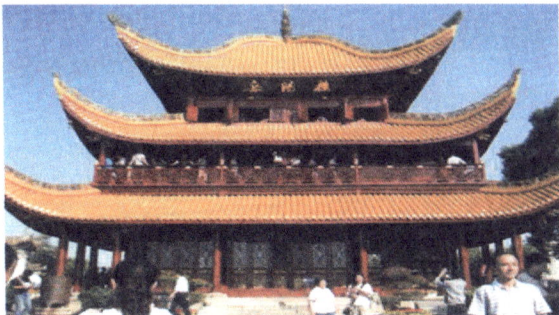

图 5.16　岳阳楼

图 5.17　洞庭湖君山风景区

（三）衡山

衡山，又名南岳、寿岳、南山，为中国"五岳"之一，位于中国湖南省中部偏东南部，绵亘于衡阳、湘潭两盆地间，主体部分位于衡阳市南岳区、衡山县和衡阳县东部。对于衡山的命名，据战国时期《甘石星经》记载，因其位于星座二十八宿的轸星之翼，"变应玑衡"，"铨德钧物"，犹如衡器，可称天地，故名衡山。见图 5.18。

图 5.18　衡山

衡山是中国著名的道教、佛教圣地，环山有寺、庙、庵、观 200 多处。衡山是上古时期君王唐尧、虞舜巡疆狩猎祭祀社稷，夏禹杀马祭天地求治洪方法之地。衡山山神是民间崇拜的火神祝融，他被黄帝委任镇守衡山，教民用火，化育万物，死后葬于衡山赤帝峰，被当地尊称南岳圣帝。道教"三十六洞天，七十二福地"，有四处位于衡山之中，相传佛祖释迦牟尼两颗真身舍利子藏于衡山南台寺金刚舍利塔中。

四、广东省重要旅游景区

广东省，以岭南东道、广南东路得名，简称粤，省会广州，是中国大陆南端沿海的一个省份，位于南岭以南，南海之滨，与香港、澳门、广西、湖南、江西和福建接壤，与海南隔海相望，划分为珠三角、粤东、粤西和粤北四个区域。

广东省地势北高南低，多交错分布的山地、平原、丘陵，沿海一带有狭小的平原，珠江三角洲平原最大。潮汕平原素有"海滨邹鲁"之美誉，地处珠江沿岸一带的珠江三角洲一直被称作华南地区的"鱼米之乡"，也是世界上最大的都会区和大都市区之一。

广东省属亚热带、热带湿润季风气候，高湿多雨，全年可开展旅游活动，旅游资源十分丰富。主要旅游地有白云山景区、长隆旅游度假区、华侨城旅游度假区、雁南飞茶田景区、丹霞山等。

（一）白云山

白云山风景区（见图5.19），是新"羊城八景"之首、国家5A级景区和国家重点风景名胜区。它位于广州市的东北部，为南粤名山之一，自古就有"羊城第一秀"之称。山体相当宽阔，由30多座山峰组成，为广东最高峰九连山的支脉。该景区面积28平方千米，主峰摩星岭高382米，峰峦重叠，溪涧纵横，登高可俯览全市，遥望珠江。每当雨后天晴或暮春时节，山间白云缭绕，蔚为奇观，白云山之名由此得来。

这里奇峰俊秀，白云悠悠，瀑布飞跌，林深谷幽。主要景观有：以中原第一峰玉皇顶、鸡角曼、仙人桥为代表的奇石险峰景观；以高山杜鹃林、万亩原始森林、唐代银杏林为代表的森林景观；以九龙瀑布、珍珠潭、黄龙井为代表的瀑潭景观；以留侯祠、玉皇阁、乌曼寺、云岩寺为代表的人文景观；以云海日出、鸡角晚霞、金秋红叶为代表的物候景观。

整个景区融山、石、水、洞、林、草、花、鸟、兽为一体，雄、险、奇、幽、美、妙交相生辉。现已成为集观光旅游、度假避暑、科研实习、寻古探幽为一体的复合型旅游区。

图5.19　白云山

【知识拓展】

洛阳白云山

洛阳白云山景区内林深谷幽，奇峰俊秀，白云悠悠，置身白云仙境，总有"人在画中游，云在树上飘，水在空中舞"的美感。李长春视察洛阳白云山景区时题词"中原名山"。穆青题词"白云天下秀"，著名书法家启功先生挥毫"人间仙境白云山"。

（二）丹霞山

广东丹霞山（见图5.20）世界地质公园，位于广东省韶关市东北的仁化、曲江两县交界地带。丹霞山由680多座顶平、身陡、麓缓的红色砂砾岩石构成，以赤壁丹崖为特色，看去似赤城层层，云霞片片，古人取"色如渥丹，灿若明霞"之意，称之为丹霞山。主要景区有：巴寨景区、长老峰游览区、阳元石游览区、翔龙湖景区、锦江景区。

巴寨景区在丹霞山西南10千米，当地人俗称大石山。隔锦江相对，总面积40多平方千米，由锦水、田园、村落及仙山琼阁群山组成，"大丹霞"是丹霞地貌的核心区。这里地域深广，山势高峻。在全区27座海拔400米以上山峰中，该区独占20座，最高峰巴寨海拔619米，是丹霞山的"珠穆朗玛"。这里山水交融的组合景观及地貌特征，是丹霞地貌最典型的代表。

长老峰游览区是历史最悠久的游览区。它是由长老峰、海螺峰、宝珠峰三峰构成的连体山块，并由三级绝壁和三级崖坎构成三个最典型的赤壁丹霞景观层次。

阳元石游览区与长老峰游览区隔江相望，因有天下第一奇石阳元石而得名。该区以地质遗迹和生态环境保存完好以及发育最典型的丹霞石墙、石柱和石拱地貌为特色，主要景点有阳元石、九九天梯、双乳石、睡美人，古寺混元洞，七座天生桥，三处古山寨及众多拟人拟物、拟兽拟禽的山石造型以及6座古石窟寺遗迹和十几座古山寨等。

翔龙湖位于长老峰南侧，因其湖面轮廓酷似一条腾飞的龙而得名，龙首、龙角、龙身、龙爪、龙尾一应俱全，故取名翔龙湖。

丹霞山之秀，主要秀在锦江。锦江出自万顷林海，在丹霞山群中迂回南流。锦江两边，多有翠竹夹岸，树木林立，富有岭南风情的山村田园风光掩映其间。

图5.20 丹霞山

五、广西壮族自治区重要旅游景区

广西壮族自治区，简称桂，是中华人民共和国省级行政区，得名于岭南西道、广南西路，首府南宁市，下辖有14个地级市、8个县级市（地级市代管），是中国五个少数民族自治区之一，也是中国唯一一个沿海自治区。它位于中国华南地区西部，从东至西分别与广东、湖南、贵州、云南接壤，南濒北部湾、面向东南亚，西南与越南毗邻，是西南地区最便捷的出海通道，在中国与东南亚的经济交往中占有重要地位。奇特的喀斯特地貌，灿烂的文物古迹，浓郁的民族风情，使广西独具魅力。广西属于亚热带季风气候区，孕育了大量珍贵的动植物资源，尤其盛产水果，被誉为"水果之乡"，主要品种有火龙果、番石榴、荔枝、金橘、蜜橘、龙眼。

区内聚居着以汉、壮、瑶、苗、侗、京、回等民族，汉语方言有粤语、西南官话（桂柳话）、客家语、平话、湘语、闽语六种，壮语方言有北部方言和南部方言，其他少数民族语言有苗语、瑶语等。

主要旅游景区有：桂林漓江景区、大新德天瀑布旅游区、钦州三娘湾旅游景区等。

（一）桂林漓江

桂林漓江（见图5.21）是世界上规模最大、风景最美的岩溶山水游览区，为国家5A级景区和国家重点风景名胜区，是桂林风景的精华所在。漓江在历史上曾名桂水，或称桂江、癸水、东江，流经广西壮族自治区第三大城市，政治、经济、交通、文化及旅游中心——桂林市，以流域孕育的独特绝世而又秀甲天下的自然景观——桂林山水，其风景秀丽，山清水秀，洞奇石美，是驰名中外的风景名胜区。桂林山水以"山青、水秀、洞奇"三绝闻名于中外。漓江属于珠江水系的桂江上游河段，发源于兴安、资源县交界处海拔1732米的越城岭老山界南侧，属于中亚热带季风气候区。漓江流域拥有丰富的自然山水景观。

图 5.21　桂林漓江

桂林漓江风景区游览胜地繁多，在短期内只能择其主要景点进行游览，其中一江

（漓江）、两洞（芦笛岩、七星岩）、三山（独秀峰、伏波山、叠彩山）具有代表性，它们基本上是桂林山水的精华所在。

（二）大新德天瀑布

德天瀑布（见图5.22）位于广西壮族自治区崇左市大新县硕龙镇德天村，中国与越南边境处的归春河上游，瀑布气势磅礴、蔚为壮观，与紧邻的越南板约瀑布相连，是亚洲第一、世界第四大跨国瀑布，年均水流量约为贵州黄果树瀑布的三倍，为中国国家4A级旅游景区。此景区还是电视剧《酒是故乡醇》和《花千骨》的外景拍摄地，神奇而美妙。瀑布宽200多米，气势磅礴，一波三折，层层跌落，水势激荡，声闻数里。

图5.22　德天瀑布

六、海南省重要旅游景区

海南省，简称琼，别称琼州，省会海口，位于中国南端。海南省是中国国土面积（陆地面积加海洋面积）第一大省，海南经济特区是中国最大的省级经济特区和唯一的省级经济特区，海南岛是仅次于台湾岛的中国第二大岛。

海南省北以琼州海峡与广东省划界，西临北部湾，与广西壮族自治区和越南相对，东濒南海，与台湾省对望，东南和南边在南海中与菲律宾、文莱和马来西亚为邻。1988年4月，海南建省，成立海南经济特区。海南省行政区域包括海南岛和西沙群岛、南沙群岛、中沙群岛的岛礁及其海域。海南地处热带北缘，属于热带季风气候。

海南省气候四季宜人，风景秀丽，是我国最迷人的热带风光旅游胜地，也是国际公认的海滨旅游胜地。著名旅游景点有：天涯海角游览区、南山文化旅游区、南山大小洞天景区、亚龙湾、呀诺达雨林文化旅游区等。

（一）天涯海角

天涯海角（见图5.23）游览区，位于海南省三亚市天涯区，距主城区西南约23千米处，背对马岭山，面向茫茫大海，是海南建省20年第一旅游名胜、新中国成立60周年海南第一旅游品牌、国家4A级旅游景区。景区海湾沙滩上大小百块石耸立，"天涯石"（见图5.24）、"海角石"（见图5.25）、"日月石"和"南天一柱"（见图5.26）突兀其间，沙滩上大小百块磊石耸立，上有众多石刻。清代雍正年间崖州州守程哲所书，勒石镌字"海判南天"，这是天涯海角最早的石刻。

图 5.23　天涯海角

图 5.24　天涯石

图 5.25　海角石

图 5.26　南天一柱

【知识拓展】

　　"天涯"和"海角"这两块大石头也是有来历的，传说一对热恋的男女分别来自两个有世仇的家族，他们的爱情遭到各自族人的反对，于是被迫逃到此地双双跳进大海，化成两块巨石，永远相对。后人为纪念他们的坚贞爱情，刻下"天涯"和"海角"的字样。现在男女恋爱常以"天涯海角永远相随"来表明自己的心迹。

（二）南山文化旅游区

　　南山文化旅游区位于海南省三亚市西南 40 千米处，是中国最南端的山，属于热带海洋季风性气候，其空气质量和海水质量居全国首位，森林覆盖率为 97%，是一座展示中国佛教传统文化的大型园区。南山文化旅游区是国家 5A 级旅游景区、国家重点风景名胜区、全国文明风景旅游区示范点、中国人居环境范例奖、中国佛教名山胜地、中国旅游业发展优先项目、海南省生态旅游示范景区。

南山文化旅游区分为以下三大主题公园：

图 5.27　海上观音

（1）南山佛教文化园，是一座展示中国佛教传统文化，富有深刻哲理寓意，能够启迪心智、教化人生的园区。108 米海上观音（见图 5.27）是当之无愧的亮点之一，是世界首尊金玉观世音菩萨塑像，也是闻名全海南的镇岛之宝。

（2）中国福寿文化园是一座集中华民族文化精髓，突出表现和平、安宁、幸福、祥和之气氛的园区。

（3）南海风情文化园，是一座利用南山一带的蓝天碧海、阳光沙滩、山林海礁等景观的独特魅力，突出展现中国南海之滨的自然风光和黎村苗寨的文化风情，同时兼容一些西方现代化文明的园区。

第五节　风土人情

一、河南省

（一）传统习俗

牡丹是洛阳的市花，洛阳历来都有举办牡丹花会（见图 5.28）的习俗。花会的主要场所有市内的王城公园、西苑公园、牡丹公园等。洛阳种植牡丹的历史可以上溯到唐代，到了宋代，洛阳牡丹已经有了 90 多个品种。

图 5.28　牡丹花会

为了让天下百姓都能一睹号称"国色天香"的洛阳牡丹的风采，当时的洛阳太守组织了"万花会"。花会期间，人头攒动，满城皆花。1982 年 9 月，洛阳市人大常委会决定以牡丹花为市花，并确定每年牡丹盛开的 4 月 15 日至 25 日举办牡丹花会，充分利用得天独厚的鲜花资源，既可以丰富群众的业余生活，又能加强洛阳与中外的技术文化交流，可谓一举两得。

（二）特色美食

河南省有着悠久的文化历史，不仅为我们留下了丰富的文物古迹，还给我们留下了灿烂的文化财富——豫菜，豫菜的烹调方法共有 50 余种。扒、烧、炸、熘、爆、炒、炝别有特色。其中扒菜更为独到，素有"扒菜不勾芡，汤汁自来黏"的美称。另外，河南爆菜时多用武火，热锅凉油，操作迅速，质地脆嫩，汁色乳白。"糖醋熘黄河鲤鱼焙面"、"炒三不粘"、"桂花皮丝"、"糖醋鲤鱼"等这些历史悠久的豫菜名菜，至今仍名扬遐迩，为中外人士所赞扬。

鲤鱼焙面是开封的传统名菜，它是由"糖醋熘鱼"和"焙面"两道名菜配制而成。"糖醋熘鱼"历史悠久，据《东京梦华录》记载，北宋时期东京市场上已流行。它是以鲤鱼尤以黄河鲤鱼为上品原料，经过初步加工后，用坡刀把鱼的两面解成瓦垄花纹，入热油锅炸透。然后以适量白糖、香醋、姜末、料酒、食盐等调料，兑入开水，勾加流水芡，用旺火热油烘汁，至油和糖醋汁全部融合，放进炸鱼，泼上芡汁即成。其特点是色泽枣红，软嫩鲜香；焙面细如发丝，蓬松酥脆。

炒三不粘（见图 5.29）是安阳传统名菜，以蛋黄为主料，配以桂花糖、白糖、粉芡等炒制而成。成品软香油润，不粘锅、盘、筷，所以得名"三不粘"。

龙须糕（见图 5.30）是郑州一道历史悠久的小吃，因糕点表面呈须状，故名龙须糕，是以米、面粉、糖、油作为主料，并佐以姜、虾、盐、肉、蛋松等混合制成。它具有色泽美观、甜咸适口、风味独特等特点。

图 5.29　炒三不粘

图 5.30　龙须糕

二、湖北省

（一）传统习俗

武汉夏夜街头有"竹床阵"。夏至七月以后，酷热的夏夜把武汉市民从家中"赶"

出来，不得不到街道两旁摆竹床露宿，形成竹床阵（见图 5.31）。密密麻麻的竹床一个挨一个，老者、儿童、青年、少妇乃至姑娘都躺在竹床上，渡过一个又一个的夜晚。北方人或外地人看见少妇、姑娘身着短裤、裙子睡在街头上，大为不解，也十分感到新鲜。然而当地人却习以为常。

　　武汉是中国有名的三大"火炉城"之一，夏季气温高达 40℃左右。酷热难耐的时间长达两个月左右，使之形成了武汉特有的民习"竹床阵"。

图 5.31　竹床阵

　　吃粽子和赛龙舟（见图 5.32）是中国许多地方的风俗。然而这一习俗是因纪念屈原而来，使得在屈原的家乡故地湖北更为流行。

　　每逢农历五月初五端午节，湖北各地赛龙舟、吃粽子遍及全省城乡。只要有湖、河、江的地方，人们早早地就把龙舟修整或清理好，一至初五，龙舟便纷纷下水了，一条条"黄龙"、"白龙"、"红龙"、"青龙"劈波斩浪，箭一般前驶，锣声、鼓声、吆喝声、喝彩声响成一片，江河两岸观看赛龙舟的人们黑压压一大片，那场面实在壮观极了。

　　传说屈原投汨罗江死后，他的故乡乡亲稀归人做了一个梦，梦见屈原身体消瘦了，便用箬叶包米饭做成有角的角黍（粽子），用龙舟装上投入江中，因水中水族属龙管，以为是龙王送来的角黍，便不敢食，这就可以让屈原食用了。经过世代相传，粽子逐渐发展成为我国的端午节食品。

图 5.32　武汉东湖龙舟赛

（二）特色美食

湖北小吃由武汉小吃、荆州小吃、襄阳小吃、宜昌小吃、恩施民族小吃等组合而成，其取料广、技法多样，能满足不同人的口味，适应南北各地人的需要。湖北小吃大多以米、豆、面、藕制品最具特色，有着鲜明的楚国文化和浓郁的鱼米风情，历史故事丰富，知名度高。比如，武汉热干面、老通城三鲜豆皮、秭归清水粽子、豆丝、云梦鱼面、黄陂三鲜、巴东五香豆干、孝感米酒等。

武汉热干面（见图5.33）与山西刀削面、两广伊府面、四川担担面、北方炸酱面并称为我国五大名面，是颇具武汉特色的汉族过早（即吃早餐）小吃。

图 5.33　武汉热干面

豆皮（见图5.34）是湖北武汉的一种著名汉族民间小吃，多作为早餐，一般在街头巷尾各早餐摊位供应。中午或晚上在一些特殊的餐厅或老字号饭店也有提供。最为著名的是位于武汉市中山大道的"老通城"，其制作的豆皮在武汉市市民中有很好的口碑。豆腐皮中含有丰富的优质蛋白，营养价值较高；豆腐皮含有的大量卵磷脂，防止血管硬化，预防心血管疾病，保护心脏；含有多种矿物质，补充钙质，防止因缺钙引起的骨质疏松，促进骨骼发育，对小儿、老人的骨骼生长极为有利。

图 5.34　武汉豆皮

课堂活动　说一说你还知道湖北的哪些美食。

三、湖南省

湖南少数民族特色文化资源是非常丰富的，每个神秘的民俗节日都各有特色。

（一）传统习俗

永州古称零陵，是湖南省历史文化名城。永州是瑶族聚居地区，在永州的江永地区，历来有芦笙节、盘王节等传统民俗，也有大家还不太熟知的"敬鸟节"。

每年农历二月初一这一天，江永瑶族民众穿上本民族的节日盛装，高高兴兴地去赶"鸟会"。传统的鸟会，内容丰富，形式多样，富有奇特的魅力。一般都有比鸟、歌鸟两项活动。"比鸟"，通俗点来说类似于"斗鸡"表演，两鸟相斗越斗越勇，赢得一方获得喝彩声不断，颇有趣味；"歌鸟"就是关于一场以鸟为主题的歌唱表演，活动中男女互对瑶歌，唱到动情处，吸引对方为之所感染，也类似于相亲大会，以鸟为由，以歌为媒，寻求姻缘。

新晃位于湖南西部边陲的侗族自治县，这里的中秋夜流行一种"偷月亮菜"的古老习俗。在侗乡人的传说里，中秋这天晚上，月宫的仙女会把甘露洒向人间，甘露代表无私，因此，这一夜人们可以共同享受瓜果蔬菜的鲜美。侗家的单身姑娘利用这一时机，在月圆之夜打着花伞，找到自己心上人家的菜园去"偷菜"，并故意叫喊让对方知道，以此传情。

不同身份的人偷的菜也不一样，单身姑娘偷成双生长的豆角寓意收获爱情；嫂子们则偷肥瓜或翠绿的毛豆，此处象征着胖小子；小伙子也会去偷，希望仙女赐予他们幸福。有趣的"偷月亮菜"让侗寨的中秋之夜增添了无限欢乐和神奇色彩。

（二）特色美食

湘菜作为中国的八大菜系之一，在国内外很受食客的青睐，湘菜在继承传统的同时又经过创新、改革慢慢地吸纳全国优秀的别家菜系的精华，去湖南除了美景的欣赏外一定要尝尝湖南菜，体验一下视觉与味觉的饕餮盛宴。

一提起长沙臭豆腐（见图5.35）这种美食，喜欢它的人如醉如痴，不喜欢的闻见味道都讨厌，长沙臭豆腐绝对是湖南的第一大美食。现在全国各地都可以吃到长沙的臭豆腐，伟大领袖毛主席当年就特别喜欢臭豆腐，所以来长沙一定要吃几块臭豆腐。

图 5.35　长沙臭豆腐

糖油粑粑（见图5.36）是湖南省长沙市的特色小吃，是长沙街头最具平民特色的草根小吃，用糯米做成，颜色金黄，造价便宜却很讲究制造工艺，热爱生活又会享受乐趣的人们对这种小吃有着特殊的情感，一口吃下去，糯糯的，特别美味。

图 5.36　糖油粑粑

口味虾（见图 5.37），又名麻辣小龙虾，是湖南的一道特色菜，虽然口味虾不是湖南的独家美食，但是湖南人特别会吃小龙虾，麻辣小龙虾在夏天已经成为湖南街头的一道风景线，男女老少要几瓶啤酒，吃得满口红油，辣得浑身冒汗。口味虾口味辣鲜香，色泽红亮，质地滑嫩，滋味香辣。

图 5.37　口味虾

四、广东省

广东人的生活风俗包括饮早茶、吃夜宵、饮糖水、喝凉茶、喝老火靓汤、打边炉（吃火锅）、冬令吃狗肉等。

（一）传统习俗

第一习俗：餐前先喝汤。餐前先喝汤是广东饮食习惯中必不可缺的部分。每天可以花几个小时的时间用来煲汤，其味道鲜美可口，真不失为一道美味。

第二习俗：喜好饮凉茶。饮凉茶是广东人常年的一个生活习惯，无论春夏秋冬在凉茶馆内总有不少饮凉茶的人。所谓凉茶，其实是指将药性寒凉和能消解内热的中草药煎水作饮料喝，以消除夏季人体内的暑气，或冬日干燥引起的喉咙疼痛等疾患。最著名的王老吉凉茶，历来为广东人所推崇。

第三习俗：食米不食面。南方人主要种植水稻，饮食习惯自然以米为主，因此从小就没有吃面食的习惯。即便是这样，还是有人多多少少会吃一点面食的。所以就形成了"餐餐不离米，米饭才是饭"的生活习惯。如大排档里著名的河粉、米粉（米丝）、肠粉等等，可以是烹炒的、蒸煎的，也可以做成加汤的，外加一些肉丸或者排骨、瘦肉、猪脚等等。还有各式的粥汤、米糕等等。

第四习俗：无鸡不成宴。粤菜厨坛有句行语，叫"无鸡不成宴"或"无鸡不成席"。最为人常食不厌的当属白切鸡了，在各大小餐馆里均可以吃到，如果不会做白切鸡，这个餐馆就有生存不下去的可能。在广东吃宴席，几乎餐餐都有鸡。没有鸡的宴席就如同北方没有酒的宴席一样，荡然无味。

（二）特色美食

广东各地特色美食有很多，比较有名的是广州的白切鸡、中山的乳鸽、清远走地鸡等等。

白切鸡（见图5.38）是广州菜中最普通的一种，不加配料且保持原味是最大的特色。白切鸡色洁白带油黄，皮爽肉滑，具有葱油香味，葱段打花镶边，清淡鲜美。

图 5.38 白切鸡

肠粉（见图 5.39）早在清代末期就已出现，在广东街头就已经听到叫卖声。肠粉分为咸、甜两种，咸肠粉的馅料主要有猪肉、牛肉、虾仁、猪肝等，而甜肠粉的馅料则主要是糖浸的蔬果，再拌上炒香芝麻。

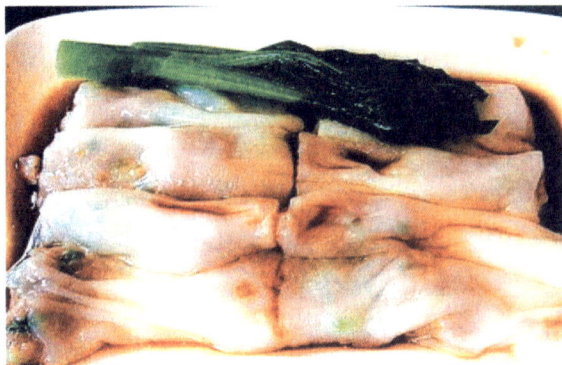

图 5.39 肠粉

荔湾艇仔粥（见图 5.40）由于在艇仔上出售而得名。艇仔粥以新鲜的小虾、鱼片、葱花、蛋丝、海蜇、花生仁、浮皮、油条屑为原料，煮粥的手法也依照滚粥冲烫粥料的手法，煮出的粥粥底绵烂，粥味鲜甜。

图 5.40 荔湾艇仔粥

五、广西壮族自治区

（一）传统习俗

传统习俗主要为壮族婚俗。桂林地区龙胜县龙脊一带壮族，结婚时有背新娘、砍梯、拆桥、对歌等独特婚俗。新娘出嫁时，通常由一个父母健在、子女双全的男子或者由姑娘的父亲，背着出门，叫作背新娘。背时，要脱去新娘的鞋，到门外才给穿上，表示她脚印已经出门，日后一心向着夫家，也暗示姑娘离家并不情愿，是让人背走的。新娘去夫家，不坐轿，由十几位伴娘和歌手陪送。嫁送中必须有给新郎的一双鞋、一套衣服，给家婆、伯娘各人一块胸围，给家公、伯伯各人一条腰带。新娘到达夫家，要踏着临时搭的竹梯上楼，再走过为她架的"新桥"进入洞房。她登完竹梯，一位父母健在的男青年立即将竹梯砍断。进入洞房，后面又立即有人拆去"新桥"。"砍梯"、"拆桥"，表示新娘后路已断，今生永落夫家，生育子女，创家立业，也寓意新人结合，如意美满，白头偕老，永不变心。晚上，伴娘和歌手要与寨上小伙子们对歌。新娘次日回门，新郎当日或次日接回。晚上伴娘和歌手又要与寨上小伙子对歌，连唱三夜，有茶歌、赞歌、情歌等等。

课堂活动　说一说你家乡的婚俗习惯。

（二）特色美食

广西菜点由南宁、桂林、柳州、梧州等城市菜和壮族、瑶族、京族、侗族等少数民族菜组成。少数民族的小吃、点心非常有特色。

图 5.41　桂林米粉

桂林米粉见图 5.41。桂林不仅山水甲天下，而且米粉也很有名，它圆细、爽滑、柔韧，具有独特的风味。因为所用的佐料和吃法不同，所以桂林米粉也各有千秋。桂林米粉有许多种，最有名的是马肉米粉。它用特制的红烧马肉作配料，马肉鲜嫩味香。过去吃马肉米粉多用特制小碟来盛，米粉仅供一箸，上面有几片薄薄的马肉，再加几粒油炸花生，拌以桂林辣酱，风味特佳。一人一口一碟，可吃二三十碟粉。现在已改用大碗，滋味不变。

打油茶见图 5.42。油茶是侗族人民喜爱的饮料。他们用侗乡盛产的糯米、茶油和茶叶，制成甘甜清香的油茶，饮用后可以提神醒脑，焕发精神，解除疲劳，而且还有祛寒暖胃、治疗感冒、腹泻功效。侗族人每天都喝油茶，而客人来到，必定要热情地打油茶接待。

侗家打油茶非常讲究，先将糯米蒸成饭，阴干备用，叫作阴米。打油茶时将阴米放进烧沸的菜油锅内，炸成香甜爽脆的米花，然后将一把黏米放进锅里炒焦，再伴上茶叶混炒片刻，加水煮水，过滤之后即成茶水，加进米花、黄豆、花生或者猪肝、瘦肉等配料，就是色、香、味俱全的可口油茶了。

图 5.42　侗家打油茶

六、海南省

海南有众多的少数民族居住，千百年来，古朴独特的民族风情使其社会风貌显得更加丰富多彩。其中最具有特色的便是黎族与苗族的生活习俗。

（一）传统习俗

海南苗族的斗牛活动（见图5.43）是在锣鼓喧天的盛况下进行的。这一天，各个苗家寨子精心挑选最好的牛参加比赛，斗牛场上，人山人海。男女老少穿上最考究的服装前往观看。场中央的栏杆中有几十头群众自家养的公牛，头头体壮膘肥。在开始斗架之前，牛的主人请牛喝糯米酒，更使公牛凶狠。开始时，牛眼用树叶掩盖，牵到场地中后揭开，两牛照面后怒目相视。一声令下，牛离开了主人，开始互相进攻，对撞牛角，进行决斗。周围的人热烈呐喊助威，敲锣打鼓。经过激烈的角逐，斗上几个回合就可见分晓，败者或许败下阵来，或许当场死去，也有两败俱伤的，最后剩下优胜者。获胜的公牛身披红绸，角装银饰，昂首挺立，活像一位真正的英雄，张开大嘴，吼叫了几声。人们这时将三尺六寸的红绸布挂牛犄角上，以示奖励。紧接着绕场一周，在鞭炮声中回寨。还摆庆功酒，喜庆斗牛胜利，奖励养牛有功的人。海南苗族斗牛不仅是一种娱乐活动，更有对祖先的尊敬。

海南苗族咬手定情见图5.44。咬手是海南苗族男女青年表达爱情的一种独特方式。每逢节假日，特别是三月初三，在槟榔树下、芒果林中、小河溪边、山坡草地上，青年男女唱起美妙而动听的歌曲，抒发自己的理想、情趣和心愿，寻求自己的意中人。咬手定情后，他们便各自拿出最心爱的手信，如戒指、耳环、竹笠、腰篓之类的礼品，互相赠送，作为定情物，以示终生相伴。

图5.43　苗族打鼓斗牛

图 5.44　咬手定情

（二）特色美食

海南美食主要以海南岛美食为主，其中清补凉、琼山豆腐、灵山粉、牛尾煲、黎苗蚂蚁鸡、琼中山鸡、抱罗粉、海南粉、陵水酸粉、锦山牛肉干、猪肠馍等最为著名。

清补凉（见图 5.45）是指又清凉消火又补充血气的小吃，虽然是冬天，但海南却是一个四季如夏的地域。加之春节期间吃东西容易肝火过旺，清补凉大街小巷都有卖，在家也可以尝试自己制作。清补凉中糖水煮的芸豆，煮好的绿豆、通心粉、鹌鹑蛋、菠萝丁、西瓜丁、桂圆肉、红枣、薏米等材料都是能清肝润肺的佳品。

图 5.45　清补凉

海南粉（见图 5.46）是海南省最具特色的小吃，属于海派菜。该小吃流传历史久远，在海南岛北部的海口市、定安县和澄迈县的市镇居民中食用比较普遍，而且是节日喜庆必备的、象征吉祥长寿的珍品。

海南粉多味浓香，柔润爽滑，刺激食欲，故多吃而不腻，爱吃辣的加一点辣椒酱则更起味，吃到末尾剩下少量粉时，加进一小碗热腾腾的海蚌汤掺和着吃，更是满口喷香，回味无穷。

图 5.46　海南粉

猪肠馍（见图 5.47）是海头的特有小吃。它因有诗，"形似猪肠白馍条，木瓜椰子馅丝心，又香又嫩粉酸腊，醒胃开心引客人"，而流传全儋州市，乃至全海南。猪肠馍是较长的条馍，因其形像猪肠而得名。猪肠馍香嫩，醒胃，消滞。以米粉磨成浆，后卷成肠形，筒里填入椰子丝、木瓜丝、花生、酸醋、香油相配作馅，蒸熟后喷香可口。

图 5.47　猪肠馍

【思考与练习】

　　1. 举例说明中南旅游区的旅游资源有哪些特征。

　　2. 你最向往的中南区旅游胜地是哪里？请简要加以介绍。

　　3. 简要介绍武汉、长沙、广东、海南、三亚的概况。

　　4. 简要介绍云台山、白云山、衡山、武当山等旅游景区。

　　5. 简要介绍海南省的风景旅游胜地。

　　6. 简要介绍广东省的风景旅游胜地。

　　7. 简要介绍湖北省的风景旅游胜地。

　　8. 简要介绍湖南省的风景旅游胜地。

　　9. 说一说你最想吃的特色美食有哪些。

第六章 民族绽放 异彩西南

【学习目标】
1. 了解西南旅游区的概况。
2. 掌握西南旅游区的空港城市和机场。
3. 掌握西南旅游区的重要景点。
4. 了解西南旅游区的航线特点和风土人情。

西南区地形地貌复杂，气候差异大，是我国旅游资源最丰富、最优越的地区之一。

第一节 区域概述

西南区，是中国航空地理分区之一，东临中南地区，北依西北地区，包括重庆市、四川省、贵州省、云南省、西藏自治区等5个省市区。其中四川盆地是本地区乃至西部人口最稠密、交通最便捷、经济最发达的区域。盆地内的成都市、重庆市是西南乃至中西部最发达的城市，是新一线城市龙头。

（一）自然区划概况

自然区划概念下的西南地区，主要包括四川盆地、云贵高原、青藏高原南部、两广丘陵西部等地形单元。面积约250万平方千米，人口约1.99亿。

西南地区地形复杂多变，平均海拔从1000米到4000米不等，地势起伏不平。山高地险的地形使陆路交通极为不便，公路、铁路造价高，建设周期长。本区河流虽多，但落差大、水流急，很难发展水运。复杂多变的地形对航空运输提出了较大的需求，同时也对机场建设、航路设置、飞行安全产生制约，特别对高原飞行提出了更为严峻的技术要求。本区域气候复杂多样，气压、气温、降水、风等因素的变化对飞行产生不利的影响。

（二）环境特征

西南地区江河、林木、牧草资源十分丰富，有大面积高山区和草场以及常年生的林木和牧草，无霜期长，是中国发展橡胶、甘蔗、茶叶等热带经济作物的宝贵地区。云南省是中国物种最丰富的省份，素以"动植物王国"著称，有高等植物约 17000 种，占全国的 57%，已知有陆生野生动物 1366 种，占全国的 58%。四川省有维管束植物 9254 种，其中乔木约 1000 多种，占全国总数的一半；脊椎动物 1259 种，占全国总数的 40% 以上。

（三）机场群

西南机场群以重庆、四川、云南、贵州、西藏 5 省（自治区、直辖市）内各机场构成。在既有 31 个机场的基础上，布局规划新增和迁移宜宾、江黔、康定、腾冲、六盘水等 21 个机场，机场总数达到 52 个。见表 6-1。

表 6-1 2016 年西南地区主要机场生产统计表

机场	旅客吞吐量（人次）	货邮吞吐量（吨）	起降架次（次）	运输完成（次）
成都 / 双流	46039037	611590	319382	317171
昆明 / 长水	41980339	382854	325934	324852
重庆 / 江北	35888819	361090	276807	275847
贵阳 / 龙洞堡	15105225	95898	129001	128037
拉萨 / 贡嘎	3339429	27686	31054	31042

课堂活动　西南区除植物种类多以外，动物种类也比较多，请同学们思考西南区的主要动物有哪些。

第二节　重点城市及机场

一、重庆市

（一）城市简介

重庆市，简称巴和渝，是中华人民共和国中央直辖市、国家中心城市、超大城市、世界温泉之都、长江上游地区经济中心、金融中心和创新中心，也是政治、文化、科技、教育、艺术等中心，国务院定位的国际大都市，中西部水、陆、空型综合交通枢纽。

重庆市下辖地区共 23 个区、11 个县、4 个自治县。面积 82402.95 平方千米，2017 年重庆常住人口 3075.16 万人。现有非物质文化遗产 159 项。见图 6.1。

重庆拥有中新（重庆）战略性互联互通示范项目、国家级新区——两江新区、渝新欧国际铁路、重庆两路寸滩保税港区、重庆西永综合保税区、重庆铁路保税物流中心、重庆南彭公路保税物流中心、万州保税物流中心、过境72小时内免签，进口整车、水果、肉类等口岸。

图 6.1　重庆市夜景图

现在有重庆江北国际机场、万州机场、黔江武陵山机场、武隆仙女山机场（在建）。历史上的中国航空和欧亚航空相继在重庆开通航线，促进民用航空事业的初步建立，重庆成了西南各大城市与中国各地联系的重要航空中转站，使重庆与中国政治、经济中心的联系大大加强，也促进了重庆的开放和发展。

（二）空港介绍——重庆江北国际机场

重庆江北国际机场三字代码为 CKG，四字代码为 ZUCK，它位于重庆市郊东北方向 21 千米的渝北区。2016 年 9 月 29 日，重庆机场集团整体移交重庆市政府管理，主要职责是经营管理重庆江北国际机场（见图 6.2）、重庆市黔江武陵山机场，以项目业主负责建设巫山机场、武隆机场。

图 6.2　重庆江北国际机场

重庆江北国际机场于 1990 年 1 月 22 日建成投用。2017 年 8 月 29 日，随着东航站区及第三跑道项目建成投用，飞行区等级提升为 4F 级，拥有三条跑道（其中，第一跑道长 3200 米、第二跑道长 3600 米、第三跑道长 3800 米）；三座航站楼共 73.7 万平方米（其中，T1 航站楼 2 万平方米、T2 航站楼 18 万平方米、T3 航站楼 53.7 万平方米）；停机坪 166 万平方米，停机位 180 个，货库 25 万平方米。可起降空客 A380 等大型客机，能满足年旅客吞吐量 4500 万人次、货邮吞吐量 110 万吨、年飞机起降 37.3 万架次的运行需要。

重庆江北国际机场运输生产快速增长，航线网络日趋完善，机场通达性大幅提升。截至 2017 年 8 月，共开通国内外航线 260 条，通航城市达到 155 个，其中国内城市 110 个，实现了全国各省会城市及主要旅游城市全覆盖。国际（地区）航线达到 61 条，逐步构建起覆盖欧、美、澳、亚的客、货运航线网络，对重庆产业结构调整、经济社会发展起到了积极推动作用。2016 年完成旅客吞吐量 3588.9 万人次，货邮吞吐量 36.1 万吨，世界排名升至第 55 位。

重庆江北国际机场是重庆、西部、华夏三家航空公司的主基地，川航、国航、南航在此设置运营基地，还有东航、上航、厦航、山航、深航、海航、大新华、河北、成都、奥凯、吉祥、春秋、昆明、祥鹏、首都、中联航等 10 多家国内航空公司以及卡塔尔、大韩、新加坡、芬兰、越南、泰国商务、亚洲、德汉莎货运、俄罗斯货运、国泰、港龙等国外及地区的约 20 家航空公司在此运营。

二、成都市

（一）城市简介

成都市是四川省省会，也是全国 15 个副省级城市之一。2014 年 10 月 2 日，经国务院正式批复，同意设立四川天府新区，标志着天府新区正式晋升为国家级新区，是继上海浦东新区、重庆两江新区之后的三大国家级新区之一和中国西部大开发五个国家级新区之一，是全国第 11 个国家级新区。截至 2016 年，成都市下辖 11 个区、5 个县级市、4 个县。此外，成都市还有国家级新区——成都天府新区直管区，国家自主创新示范区——成都高新技术产业开发区、国家级经济技术开发区——成都经济技术开发区。2016 年 4 月，国务院明确成都要以建设国家中心城市为目标。见图 6.3。

图 6.3 成都市

2016 年末，成都市户籍总人口为 1398.93 万人，全市土地面积为 14335 平方千米，占全省总面积（48.5 万平方千米）的 2.95%。

成都市名胜古迹蜚声中外，加上自然风光绮丽多姿，因而旅游资源得天独厚，并具有鲜明的成都特色。成都是"首批国家历史文化名城"和"中国最佳旅游城市"，承载着三千余年的历史，是古蜀文明发祥地、中国十大古都之一，拥有都江堰、武侯祠、杜甫草堂、金沙遗址、明蜀王陵、望江楼、青羊宫等众多名胜古迹和人文景观。

（二）空港介绍——成都双流国际机场

成都双流国际机场，三字代码为 CTU，四字代码为 ZUUU，位于中国成都市双流区中心城区西南方向，距离成都市区 16 千米，机场飞行区等级为 4F 级，是中国八大区域枢纽机场之一、中国内陆地区的航空枢纽和客货集散地。

成都双流国际机场前身是 1938 年（民国二十七年）建设的成都双桂寺机场。截至 2017 年 8 月，机场有 2 座航站楼，候机面积 50 万平方米，可满足年旅客吞吐量 5000 万人次需求，建有 3 座航空货运站；有 2 条平行跑道，有 3 个飞机停放区，总面积约 100 万平方米；共设置停机位 178 个，其中近机位 74 个、远机位 104 个；开通航线 270 条，通航国内外城市 209 个。见图 6.4。

图 6.4　成都双流国际机场

2018 年，成都双流国际机场旅客吞吐量突破 5000 万人次，成为我国内地继北京首都国际机场、上海浦东国际机场、广州白云国际机场之后第四个旅客吞吐量迈上 5000 万台阶的机场。

成都双流国际机场是国航西南分公司、四川航空、成都航空、祥鹏航空的主基地，还有东航、深航在此设运营基地；机场还有国内的南航、山航、厦航、上航、春秋、成都、吉祥、奥凯、中国联合、西部、首都、华夏、昆明、天津、西藏航空等 10 多家国内航空公司，以及美联航、英航、荷兰皇家航、全日空、韩亚航、胜安、泰国国际、泰国东方、越南、美佳、阿提哈德、卡塔尔等国外的航空公司在此运营。目前在成都双流国际机场运营的航空公司共约 40 多家。

【知识拓展】

　　成都双流国际机场先后荣获"国际卫生机场"、"全国文明机场"、"全国精神文明建设工作先进单位"、"全国五一劳动奖状"和"全国抗震救灾英雄集体"等殊荣，并已通过质量管理体系、环境管理体系和职业健康安全管理体系认证，在安全管理、旅客服务、应急保障等方面建立了与国际接轨的管理体系，形成了为航空公司提供服务和保障安全的综合能力。

三、昆明市

（一）城市简介

昆明市，享"春城"之美誉，是云南省省会，中国面向东南亚、南亚开放的门户城市，国家历史文化名城。它也是中国重要的旅游、商贸城市，西部地区重要的中心城市之一。2017 年 12 月，获得 2017 世界春城十佳、2017 中国年度文化影响力城市。面积 21473 万平方千米，截至 2017 年末，人口约为 675.88 万人。

昆明地处云贵高原中部，是滇中城市群的核心圈、亚洲 5 小时航空圈的中心，也是国家一级物流园区布局城市之一。昆明市为山原地貌，地势大致北高南低，多溶洞和溶岩地貌，溶岩盆地有石林坝子。昆明市属于北亚热带低纬高原山地季风气候，年平均气温 16.5℃，年均降雨量 1450 毫米，无霜期 278 天，气候宜人。

昆明开放而时尚，浓缩了云南的区位优势，从两千多年前的"南方丝绸之路"到对外开放，昆明一直是东亚大陆与中南半岛、南亚次大陆各国进行经济贸易往来及政治联系的陆路枢纽。"中国昆明进出口商品交易会"、"中国国际旅游交易会"、"中国昆明国际旅游节"等活动的举办，使昆明成为中国主要的会展城市之一。见图 6.5。

图 6.5　昆明市

（二）空港介绍——昆明长水国际机场

昆明长水国际机场，三字代码为 KMG，四字代码为 ZPPP，它位于云南省昆明市官渡区长水村，在昆明市东北 24.5 千米处，由云南机场集团有限责任公司运营管理，机场飞行区等级为 4F 级，为全球百强机场之一、国家"十一五"期间唯一批准建设的大型门户枢纽机场，也是中国八大区域枢纽机场、国际航空枢纽之一，与乌鲁木齐地窝堡国际机场并列为中国两大国家门户枢纽机场。见图 6.6。

图 6.6　昆明长水国际机场

2012 年 6 月 28 日，昆明机场由昆明巫家坝国际机场整体搬迁至长水国际机场运营。根据 2016 年 6 月综合信息显示，机场共有两条跑道，东跑道长 4500 米，西跑道长 4000 米；机位数量（含组合机位）161 个；可保障旅客吞吐量 3800 万人次、货邮吞吐量 95 万吨、飞机起降 30.3 万架的运行需要。2017 年，该机场完成旅客吞吐量 4473 万人次，完成航班起降 35.03 万架次，完成货邮吞吐量 41.9 万吨。

目前，昆明长水国际机场正多措并举完善航线网络布局，提升航空服务水平。预计到 2020 年，昆明长水国际机场年旅客吞吐量将达到 6700 万人次，年货邮吞吐量达到 57 万吨，国际及地区旅客吞吐量达到 600 万人次，航线达到 350 条。其中，国际航线达到 100 条，国际和地区通航城市超过 60 个。

昆明长水国际机场是东航云南公司、川航云南分公司、祥鹏、昆明、瑞丽等航空公司的主基地，南航、海航、厦航、山航、深航、吉祥等航空公司在此设过夜基地。还有春秋、成都、天津、奥凯、华夏、西部等 10 多家国内航空公司以及胜安、大韩、泰国国际、泰国东方、曼谷、马来西亚、亚航、通里萨、老挝、易思达、斯里兰卡等 10 多家国外航空公司在此运营。目前在昆明长水国际机场运营的航空公司共约 30 多家。

四、贵阳市

（一）城市简介

贵阳市，是贵州省省会，也是西南地区重要的中心城市、全国重要的生态休闲度假旅游城市。贵阳是一座"山中有城，城中有山，绿带环绕，森林围城，城在林中，林在城中"的具有高原特色的现代化都市，也是中国首个国家森林城市、循环经济试点城市。它以温度适宜、湿度适中、风速有利、紫外线辐射低、空气清洁、水质优良、海拔适宜、夏季低耗能等气候优势，荣登"中国十大避暑旅游城市"榜首，被中国气象学会授予"中国避暑之都"称号。见图 6.7。

图 6.7 贵阳市

贵阳市面积为 8034 平方千米，2017 年常住人口为 486.20 万人。贵阳市是一个多民族杂居的城市，汉族人口占大多数，布依族次之，苗族人口居贵阳第三位，除此之外，还有回族、侗族、彝族、壮族等 20 多个少数民族。

贵阳市是国家级大数据产业集聚区，已成为全国领先的大数据技术创新与应用服务示范基地和产业集聚发展的"中国数谷"，也是全国首个全域公共免费 WiFi 城市、全球首个块上集聚的大数据公共平台、全国重要的呼叫中心与服务外包集聚区、全国首个大数据交易中心、全国重要的数据中心集聚区。

（二）空港介绍——贵阳龙洞堡国际机场

贵阳龙洞堡国际机场三字代码为 KWE，四字代码为 ZUGY，简称贵阳机场，位于中国贵州省贵阳市东郊，距市中心 11 千米，为 4E 级民用国际机场，是中国西部地区重要航空枢纽、区域枢纽机场、西南机场群成员。见图 6.8。

图 6.8 贵阳龙洞堡国际机场

截至 2018 年 8 月，贵阳龙洞堡国际机场主跑道长 3200 米、宽 60 米，等长平行滑行道 1 条，快速脱离道和垂直联络道各 3 条；拥有停机位 47 个，其中近机位 28 个；候机楼面积 21 万平方米，货运站 2.1 万平方米，停车场（楼）10.5 万平方米；共开通国内航线 90 条，国际及地区航线 14 条。

2018 年 9 月 5 日，贵阳龙洞堡国际机场三期扩建工程 T3 航站楼项目正式开工建设。该项目预计 2020 年完工，分为地上四层、地下一层，建筑高度 37.08 米，建筑面积 16.7 万平方米。楼内新设普通值机柜台 66 个、自动值机柜 24 个，新设国内出港安检通道 30 条，总商业面积为 1.4 万平方米。工程按 2025 年旅客吞吐量 3000 万人次、货邮吞吐量 25 万吨、飞机起降量 24.3 万架次的目标设计，将新建一条长 4000 米的跑道、T3 航站楼一栋及其他配套设施。

贵阳龙洞堡机场是国航贵州分公司、南航贵州公司、天津航贵州分公司、华夏航空公司的运营基地；此外，还有东航、上航、厦航、山航、深航、海航等 10 多家航空公司在此运营。

五、拉萨市

（一）拉萨市

拉萨市是中国西藏自治区的首府，是西藏的政治、经济、文化和宗教中心，也是藏传佛教圣地。拉萨市位于西藏高原的中部、喜马拉雅山脉北侧，海拔 3650 米，地处雅鲁藏布江支流拉萨河中游河谷平原，拉萨河流经此，在南郊注入雅鲁藏布江。面积为 29518 平方千米，常住人口约 55 万人。

拉萨市全年多晴朗天气，降雨稀少，冬无严寒，夏无酷暑，气候宜人。全年日照时间在 3000 小时以上，素有"日光城"的美誉。拉萨市境内蕴藏着丰富的各类资源，相对于全国和自治区其他地市，具有较明显的资源优势。

作为首批中国历史文化名城，拉萨以风光秀丽、历史悠久、风俗民情独特、宗教色彩浓厚而闻名于世，先后荣获中国优秀旅游城市、欧洲游客最喜爱的旅游城市、全国文明城市、中国特色魅力城市、中国最具安全感城市等荣誉称号。

图 6.9　拉萨市

（二）空港介绍——拉萨贡嘎国际机场

拉萨贡嘎国际机场，三字代码为 LXA，四字代码为 ZULS，位于西藏自治区山南地区贡嘎县甲竹林镇，海拔 3600 米，跑道长 4000 米，宽 45 米，机场等级 4E 级，可供波音 747、空客等大型飞机起降，是世界上海拔最高的民用机场之一。见图 6.10。

2015 年，拉萨贡嘎国际机场完成运输起降 2.8 万架次，旅客吞吐量 291 万人次，居中国第 48 位；货邮吞吐量 2.5 万吨，居中国第 45 位。2017 年再次改扩建，旅客吞吐量从 300 万人次提高到 900 万人次。秉承"服务至上，献身民航，奉献西藏"的宗旨，经过多年坚持不懈的努力和国家政策的支持，如今一座花园式的现代化空港已屹立在雪域高原，蓄势待发的西藏航空业将在地球之巅腾飞。

拉萨贡嘎国际机场是国航西藏分公司、西藏航空公司的运营基地。

图 6.10　拉萨贡嘎国际机场

课堂活动　请概述西南区主要机场的特征。

第三节　重要航线及航空公司

一、西南区内重要航线

（一）北京—昆明（PEK—KMG）

北京首都国际机场—昆明长水国际机场，航班号是 CA4172，飞行距离约 2266 千米，全程飞行 3 小时 50 分钟，飞行高度 9800~10100 米，途经河北省、山西省、四川省、贵州省、云南省，飞越汾河、黄河、渭河、长江、太行山、吕梁山、秦岭、华山和滇池。

（二）北京—成都（PEK—CTU）

北京首都国际机场—成都双流国际机场，航班号是 CA1405，飞行距离约 1600 千米，全程飞行 2 小时 39 分钟，飞行高度 9200~9500 米，途经河北省、山西省、四川省，飞越汾河、黄河、渭河和嘉陵江。

二、西南区重要航空公司

成都双流国际机场是华南区重要的机场，国内众多航空公司在此设置运营基地，其中，四川航空股份有限公司将总部设置于成都双流国际机场。

四川航空股份有限公司，简称川航，它的前身是四川航空公司，该公司成立于 1986 年 9 月 19 日。IATA 代码为 3U，ICAO 代码为 CSC。常旅客计划为金熊猫俱乐部。截至 2018 年，实现安全飞行 350 万小时。

川航的航徽是一只海燕，它奋力翱翔、志存高远的气质，与川航人"咬定青山"的企业精神紧密契合，如图 6.11 所示。圆圈代表地球，四条波浪寓意百川赴海，奔流涌进，上善若水，厚德载物，同时对应川航"真、善、美、爱"的核心价值观，象征着川航从内陆起飞，萃取陆地文明的稳定持重与海洋文明的外向开拓。川航以"东成西就，南北纵横、上山出海，网络搭台"的战略布局，架起一座座贯通南北、联通中外的空中金桥。

图 6.11 川航航徽

三、西南区航线特点

（1）由于特殊的地理位置和气候原因，航线中飞行时间比较长，颠簸的时间也比较长。

（2）老年旅客居多。

（3）本区域内，国内旅游团队成员多选择昆明航线，行李多，回程旅客多采购鲜花、石头等。

第四节 重点旅游景点

一、重庆市重要旅游景区

（一）大足石刻

大足石刻为国家 5A 级旅游景区、文化旅游景点、世界文化遗产。

大足石刻，位于重庆市大足县境内。大足石刻始于晚唐，历经五代而盛于两宋，是中国晚期石窟艺术中的优秀代表。石窟多达 76 处，共有造像 6 万余躯，石刻铭文 10 万余字，总称大足石刻。其中，尤以北山摩崖石刻和宝顶山摩崖石刻最集中。大足石刻，

"凡佛典所载，无不备列"，在艺术上"神的人化与人的神化"达到高度统一。见图6.12。

图6.12　大足石刻

（二）重庆云阳龙缸地质公园

重庆云阳龙缸地质公园为国家5A级旅游景区、国家地质公园。

重庆云阳龙缸地质公园，位于距云阳县城80千米处的清水境内，是世界最大的岩溶大竖井。其状为一罕见的环形天坑，形似水缸。龙缸口椭圆，口下有一约两丈长的天然条石平伸入内，宽约尺余，可于此俯伏窥视坑内特异景物。缸壁上部藤萝覆盖，野花点缀；下则石壁如削，呈青灰色，向坑内投石，需数十秒钟方能听到回声。坑内似有小动物奔突其间；并有鸟往还，其名飞虎，翅利如刀锋。传说曾有人用粗麻绳下吊至半壁，飞虎袭击，绳断人亡。南边缸楞上竖立着一块巨石，约五米高，顶端横卧一块近两米长的石条，一端偏向缸内，稍勾，酷似鹰嘴，人称"鹰嘴岩"。见图6.13。

图6.13　重庆云阳龙缸地质公园

（三）重庆大轰炸惨案遗址

重庆大轰炸惨案遗址为文化旅游景点。见图6.14。

图 6.14　重庆大轰炸惨案遗址

日本的大轰炸给重庆人民带来了无穷的悲痛和辛酸，大隧道惨案，千古仅有，惨绝人寰。重庆解放后，有关部门对较场口大隧道进行了清理维修。在重庆市渝中区较场口建立大轰炸惨案遗址。1987 年 7 月 6 日，为纪念"七·七"事变 50 周年，"日本侵略者轰炸重庆纪事碑"落成仪式在此举行，并将该处列为重庆市文物保护单位。

【知识拓展】

抗日战争时期，1937 年至 1938 年，上海、南京、武汉相继被侵华日军占领，国民政府沿长江节节败退至重庆。此后，重庆不仅成为国民政府的陪都及政治、军事、文化中心，而且成为日军实施"以炸迫降"战略企图最主要的空袭目标。据有关史料统计，1938 年至 1943 年，日机空袭重庆（含对空监视范围）203 次，出动飞机 437 批，9166 架次，炸、焚毁房屋 17452 栋，37182 间，造成人员伤亡 2.5 万余人。其间的 1941 年 6 月 5 日晚，日机 24 架分三批偷袭重庆，在 5 个多小时的疲劳轰炸中，渝中区十八梯、石灰市和演武厅（现磁器街）三段防空隧道内，发生了震惊中外、惨不忍睹的避难民众窒息、践踏惨案，造成人员伤亡 2500 人左右。

二、四川省重要旅游景区

四川，简称川或蜀，省会成都，位于中国大陆西南腹地，自古就有"天府之国"之美誉，是中国西部门户、大熊猫故乡。四川与重庆、贵州、云南、西藏、青海、甘肃、陕西诸省市交界。四川东部为川东平行岭谷和川中丘陵，中部为成都平原，西部为川西高原。

四川历史悠久，文化灿烂，自然风光绚丽多彩，拥有九寨沟、黄龙、都江堰、青城山、乐山大佛、峨眉山、三星堆、金沙遗址、武侯祠、杜甫草堂、宽窄巷子、阆中古城、海螺沟、四姑娘山、稻城亚丁等享誉海内外的旅游景区。

（一）九寨沟

九寨沟为国家级风景名胜区、国家 5A 级旅游景区、国家地质公园、科普教育基地、世界人类自然遗产。见图 6.15。

图 6.15　九寨沟

九寨沟在四川省南坪县城西 45 千米处，与甘肃省相接，因有九座藏族村居于其中而得名。九寨沟呈人字形，主沟叫树正沟，呈南北延伸，南高北低，向北开口，其上有两条支沟，东名则查哇沟，西名日则沟。沟谷总长约 50 千米。其自然风景点都集中在沟两侧。

九寨沟以原始的生态环境、一尘不染的清新空气和雪山、森林、湖泊组合成神妙、奇幻、幽美的自然风光，显现"自然的美，美的自然"，被誉为"童话世界"、"人间仙境"。九寨沟的高峰、彩林、翠海、叠瀑和藏族风情被称为"五绝"。沟内串珠式地分布着 108 个大大小小形状各异的海子，虽深过数十米，但可直视海底。因水中植物种类和湖底沉积物不同，水色各异，涟漪多彩，晨曦或夕阳下，海中之倒影更加明净真切，步移景异，妙趣无限。

（二）乐山大佛

乐山大佛为国家 5A 级旅游景区、全国重点文物保护单位、世界文化与自然双重遗产。见图 6.16。

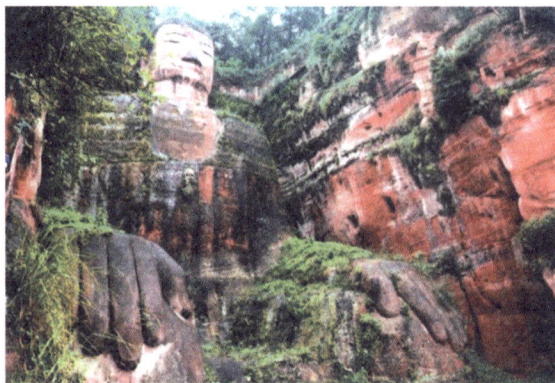

图 6.16　乐山大佛

乐山大佛位于岷江、青衣江、大渡河三江汇流处。景区面积 17.88 平方千米，人文景观和自然景观独具特色。山下江河争流、波光云影、沙鸥翔集、帆影点点，山上繁花似锦、茂林修竹、朱楼画檐、丹崖峭壁。有世界第一大佛——乐山大佛、自然和人文奇观——"巨型睡佛"、西部普陀——乌尤寺、东汉麻浩崖墓、佛教艺术荟萃——东方佛都、宋元遗址——三龟九顶城、弥勒经变故事——佛国天堂、水上游江观佛诸壮景。乐山大佛头与山齐，足踏大江，双手抚膝，通高 70 余米，头高约 15 米，头颈上可置圆桌。耳长 7 米，眼长 3.3 米，耳朵中间可站两条大汉。肩宽 28 米，可做篮球场。它的脚背上还可围坐百余人，是一尊真正的巨人。

（三）都江堰

都江堰为国家级风景名胜区、国家 5A 级旅游景区、全国重点文物保护单位、国家水利风景区、世界文化遗产。见图 6.17。

图 6.17 都江堰

都江堰位于四川成都平原西部的岷江上，建于公元三世纪，是中国战国时期秦国蜀郡太守李冰及其子率众修建的一座大型水利工程，是全世界迄今为止年代最久、唯一留存、以无坝引水为特征的宏大水利工程。

工程由鱼嘴分水堤、飞沙堰溢洪道、宝瓶口引水口三大主体工程和百丈堤、人字堤等附属工程构成，把汹涌的岷江分隔成外江和内江，外江排洪，内江引水灌溉，使川西平原成为"水旱从人"的"天府之国"。两千多年来，一直发挥着防洪灌溉作用。都江堰水利工程周边景色秀丽，文物古迹众多，主要景点有伏龙观、二王庙、李冰石刻像、安澜索桥、玉垒山公园等。

三、云南省

云南，简称云（滇），省会昆明，位于中国西南的边陲，是人类文明重要发祥地之一。生活在距今 170 万年前的云南元谋人，是截至 2013 年为止发现的中国和亚洲最早人类。

战国时期，这里是滇族部落的生息之地。云南即"彩云之南"，另一说法是因位于"云岭之南"而得名。面积 39 万平方千米，占全国面积 4.11%，在全国各省级行政区中面积排名第 8。下辖 8 个市，8 个少数民族自治州。

与云南省相邻的省区有四川、贵州、广西、西藏。云南三个邻国是缅甸、老挝和越南。北回归线从该省南部横穿而过。

云南历史文化悠久，自然风光绚丽，拥有丽江古城、三江并流、石林、哈尼梯田、大理古城、崇圣寺三塔、玉龙雪山、洱海、滇池、抚仙湖、梅里雪山、普达措国家公园、噶丹松赞林寺、西双版纳热带雨林等旅游景点。

（一）丽江古城

丽江古城为国家 5A 级旅游景区、文化旅游景点、世界文化遗产。

丽江古城是云南省丽江纳西族自治县的中心城镇，位于云南省西北部，是一座风景秀丽、历史悠久和文化灿烂的名城，也是中国罕见的保存相当完好的少数民族古城。

1997 年 12 月 3 日，联合国教科文组织世界遗产委员会一致通过，将丽江古城列入《世界遗产名录》。

丽江古城始建于宋元，盛于明清，明代著名旅行家徐霞客的《滇游日记》曾写丽江古城中木氏土司宫邸"宫室之丽，拟于王者"。城区则"居庐骈集，萦城带谷"、"民房群落，瓦屋栉比"，可见当时丽江古城已有名。丽江古城曾是明朝丽江军民府和清朝丽江府的府衙署所在地，明朝称大研厢，清朝称大研里，民国以后改称大研镇。见图 6.18。

图 6.18　丽江古城

（二）玉龙雪山

玉龙雪山为国家级风景名胜区、国家 5A 级旅游景区。

踏入丽江坝子，出大研古城，往白沙继续北行，玉龙雪山就横峙在前方。终年积雪的山峰由北向南排列成十三个高峰，在蔚蓝的天幕衬托下，宛如玉龙凌空飞舞。见图 6.19。

丽江玉龙雪山自古就是一座壮美的风景雪山，唐朝南诏国异牟寻时代，南诏国主异牟寻封岳拜山，曾封赠玉龙雪山为北岳，至今白沙村北北岳庙尚存，其仍然庭院幽深，佛面生辉。拜山朝圣者不绝于途。

玉龙雪山具有重要的风景旅游价值、自然科学考察研究价值，特别是在气象、地质、动物、植物方面，玉龙雪山是一座植物宝库，很多植物具有珍贵的药用价值。玉龙雪山至今还是一座处女峰，还在等待着勇敢的攀登者去征服它。

图 6.19 玉龙雪山

（三）石林风景名胜区

石林风景名胜区为国家级风景名胜区、国家 5A 级旅游景区、国家地质公园、科普教育基地。见图 6.20。

图 6.20 石林风景名胜区

石林位于云南省会昆明东南郊 80 余千米处，在中国 960 万平方千米土地上众多的山川名胜景区中，云南石林以其雄、奇、险、幽的地貌风光独树一帜。在世界溶岩地貌风光中，中国云南石林又以其面积广、岩柱高、小尺度造型见长，一定范围内景点集中而独占鳌头。

石林的气候也像石林风光一样奇妙。盛夏，当我国长江沿岸的人们在滚滚热浪中寻觅一丝凉意的时候，石林的老人们还穿着一层薄薄的外衣在歌唱着古老的歌谣。严冬，当我国松花江岸的人们在冰天雪地中期待一缕阳光的时候，石林的姑娘们还穿着亮丽的裙子在鲜花丛中翩翩起舞。有人曾把石林四季的气候简单地概括成"冬无严寒、夏无酷暑、干湿分明、四季如春"。

四、贵州省重要旅游景区

贵州省，简称黔或贵，地处中国西南腹地，与重庆、四川、湖南、云南、广西接壤，是西南交通枢纽。贵州是世界知名山地旅游目的地和山地旅游大省，国家生态文明试验区，内陆开放型经济试验区。下辖贵阳市、遵义市、毕节市、安顺市、六盘水市、铜仁市、黔西南布依族苗族自治州、黔东南苗族侗族自治州、黔南布依族苗族自治州。

贵州境内地势西高东低，自中部向北、东、南三面倾斜，全省地貌可概括分为高原、山地、丘陵和盆地四种基本类型，高原、山地居多，素有"八山一水一分田"之说，是全国唯一没有平原支撑的省份。贵州属于亚热带湿润季风气候，四季分明、春暖风和、雨量充沛、雨热同期。

省内主要旅游资源有：黄果树瀑布、百里杜鹃风景区、遵义会议遗址、西江千户苗寨等。

（一）黄果树瀑布

黄果树瀑布为国家级风景名胜区、国家 5A 级旅游景区，位于贵州安顺镇宁布依族苗族自治县境内白水河上，因连环密布的瀑布群而闻名于海内外，享有"中华第一瀑"之盛誉，也是世界上最阔大壮观的瀑布之一。奔腾的白水河在这里从悬崖绝壁上直泻而下，形成九级瀑布，落差共为 105.4 米，旋涡无数，声如雷鸣，响达千米。水雾经阳光折射，五彩缤纷，变幻无穷，气象万千，风景极为壮观。为便于观赏瀑布奇景，附近建有观瀑亭、望水亭，并筑有直通犀牛潭的台阶和石梯。见图 6.21。

图 6.21　黄果树瀑布

（二）百里杜鹃风景区

百里杜鹃风景区为国家 5A 级旅游景区、科普教育基地。

百里杜鹃风景区位于大方、黔西两县交界处，距省会贵阳 155 千米，是迄今为止中国已查明的面积最大的原生杜鹃林，总面积达 125.8 平方千米，百里杜鹃以此得名。在长约 50 千米、宽 1.2~5.3 千米的狭长丘陵上，分布着马樱、鹅黄、百合、青莲、紫玉等 4 属、23 个品种，占世界杜鹃花 5 个亚属中的 4 个亚属，最为难得的是"一树不同花"，即一棵树上开出若干不同品种的花朵，最壮观的可达 7 种之多。见图 6.22。

图 6.22　百里杜鹃风景区

（三）遵义会议会址

遵义会议会址为国家 4A 级旅游景区、全国重点文物保护单位、红色旅游经典景区、爱国主义教育基地。见图 6.23。

图 6.23　遵义会议会址

在遵义老城子尹路（原名琵琶桥）东侧，原为黔军 25 军第二师师长柏辉章的私人官邸，修建于 20 世纪 30 年代初。整个建筑分为主楼、跨院两个部分。主楼为中西合璧，临街有八间铺面房，当年为房主经营酱醋及颜料纸张的地方。楼房有抱厦一圈，楼顶有一老虎窗。楼层有走廊上，可以凭眺四周苍翠挺拔的群山，指点昔日红军二占遵义时与敌军鏖战地红花岗，插旗山、玉屏山、凤凰山诸峰。会址主楼上下的门窗，漆板栗色，所有窗牖均镶嵌彩色玻璃。紧挨主楼的跨院纯为木结构四合院，仍漆板栗色。

五、西藏自治区重要旅游景区

西藏自治区，古称蕃，简称藏，首府拉萨，是中国五个少数民族自治区之一。

西藏自治区位于中国青藏高原西南部，地处北纬 26°50′~36°53′，东经 78°25′~99°06′之间。北邻新疆维吾尔自治区，东连四川省，东北紧靠青海省，东南连接云南省，南与缅甸、印度、不丹、尼泊尔等国家毗邻，西与克什米尔地区接壤，陆地国界线4000多千米，南北最宽900多千米，东西最长达2000多千米，是中国西南边陲的重要门户，无出海口。

全区面积120.223万平方千米，约占全国总面积的1/8，在全国各省、市、自治区中仅次于新疆；平均海拔在4000米以上，素有"世界屋脊"之称。藏族人民是中华民族大家庭中的重要一员。西藏在唐宋时期被称为"吐蕃"，元明时期被称为"乌斯藏"，清代被称为"唐古特"、"图伯特"等；自清朝康熙年间起称"西藏"至今。

西藏以其雄伟壮观、神奇瑰丽的自然风光闻名。它地域辽阔，地貌壮观，资源丰富，自古以来，这片土地上的人们创造了丰富灿烂的民族文化。

（一）布达拉宫

布达拉宫为国家5A级旅游景区、全国重点文物保护单位、世界文化遗产。见图6.24。

图6.24　布达拉宫

屹立在西藏自治区拉萨市西北红山上的布达拉宫，始建于公元七世纪中叶（公元641年）唐太宗李世民时期。布达拉宫缘何而建，一说是因为发展需要，松赞干布为巩固政权，将统治中心从山南泽当一带迁至拉萨，为了防御外来侵略，于是在拉萨红山上建造了红山宫，这是布达拉宫最早的称谓。另一说是松赞干布为迎娶大唐文成公主，兴建了此宫。还有一种说法是，文成公主推算后建议法王修建布达拉宫。

布达拉宫于1961年由中华人民共和国国务院颁布为第一批全国重点文物保护单位。1994年，布达拉宫正式被联合国教科文组织作为文化遗产列入《世界遗产名录》。

（二）雅鲁藏布江大峡谷

雅鲁藏布江大峡谷为国家4A级旅游景区，位于西藏林芝地区米林县，长504.9千米，平均深度5000米，最深处达6009米，是世界上最大的峡谷。见图6.25。

雅鲁藏布江大峡谷环抱南迦巴瓦峰地区的高山峻岭，冰封雪冻，它劈开青藏高原与印度洋水汽交往的山地屏障，像一条长长的湿舌，向高原内部源源不断输送水汽，使青藏高原东南部由此成为一片绿色世界。雅鲁藏布江大峡谷里最险峻、最核心的地段，是从白马狗熊往下长约近百千米的河段，峡谷幽深，激流咆哮，至今还无人能够通过，其艰难与危险堪称"人类最后的秘境"。由于雅鲁藏布江大峡谷环境恶劣、灾害频繁，构成人们很难跨越的屏障和鸿沟，其落后与闭塞，使墨脱成了高原上的"孤岛"、远离现代社会的"世外桃源"，至今少有人涉足。1994年，我国科学家组成一科学考察队，对雅鲁藏布江大峡谷进行科学考察，才揭开了雅鲁藏布江大峡谷神秘面纱的一角。

图 6.25　雅鲁藏布江大峡谷

（三）巴松措

巴松措为国家 5A 级旅游景区，位于西藏林芝地区工布江达县，海拔 3700 米左右，湖面面积达 6000 多亩，湖形状如镶嵌在高峡深谷中的一轮新月，长约 12 千米，是藏传佛教宁玛派的神湖和圣地。

图 6.26　巴松措

巴松措景区集雪山、湖泊、森林、瀑布牧场、文物古迹、名胜古刹为一体，景色殊异，四时不同，各类野生珍稀植物汇集，实为人间天堂。

巴松措湖南岸一处小溪边，还有一个充满神奇传说的"求子洞"。传说这个小洞曾被莲花生大师加持过，来此求子甚为灵验。湖西北还有一个五平方米大的巨石，大石中心有一个可供一人钻过的洞，据说能钻此洞可消灾除病。离此不远的沙滩上，还有"莲花生修行洞"。湖西岸有"格萨尔王试箭处"，据说在每年的四月十五日那天，会在碧蓝湖水下面的湖底中心线长出一条长长的白色带子，当地人盛传那是献给格萨尔王的一条巨大的白色哈达。

课堂活动	请以导游的身份向游客介绍你最喜欢的景点。

第五节　风土人情

一、重庆市

（一）传统习俗

土家姑娘的结婚喜庆之日是用哭声迎来的。新娘在结婚前半个多月就哭起来，有的要哭一月有余，至少三五日。土家人还把能否唱哭嫁歌，作为衡量女子才智和贤德的标志。源于妇女婚姻之不自由，她们用哭嫁的歌声来控诉罪恶的婚姻制度。今天，婚姻自由了。土家族姑娘在结婚时也还要哭嫁，但其哭嫁仅是一种仪式罢了。陪十姊妹是土家族姑娘哭嫁的独特形式。新娘出嫁的头天晚上，爹娘邀请亲邻中的未婚姑娘9人，连新娘共10人围席而坐，通宵歌唱，故称陪十姊妹歌。哭嫁的歌词内容很多，有哭祖宗之德、爹娘之恩、姐妹之谊、兄嫂之贤、故土之情等等。陪哭多是难分难舍的缠绵之词。见图6.27。

图 6.27　哭嫁

（二）特色美食

重庆人吃火锅，可以上溯到清道光年间（1821—1850 年）。那时在人央街边打上一口灶，放上一只大铁锅，煮上一锅盐汤，内放分为9格的竹木条格，供9人同桌而食，为避腥气，加入麻辣调料，成为今日火锅麻、辣、烫的雏形。见图6.28。

图 6.28　重庆火锅

二、四川省

（一）传统习俗

办出师酒。技师学艺满三年后，如果所学技术已过关，征得师父同意，便可"出师"。届时，徒弟要大办"出师酒"，请行内有名气的人来参加，祭祀行业祖师神，酬谢师父的教艺之恩。徒弟给师父叩头，送给师父衣帽鞋袜；师父退还投师文约，对徒弟说些祝愿的话。按规矩，无钱谢师、未办出师酒的，不能算出师。

隔代同姓是汉族社会习俗，流行于犍为县罗城、定文、寿保等乡镇。这一带张姓和吴姓中，保留着隔代同姓的习俗。为了使香火不断，便采取了隔代同姓的办法。

（二）特色饮食

担担面，是四川非常著名的一道小吃，据说源于挑夫们在码头挑着担担卖面，因而得名。担担面用面粉擀制成面条，煮熟，舀上炒制的肉末而成。

麻婆豆腐，也称为陈麻婆豆腐，始创于清代同治年间，由成都万福桥"陈兴盛饭铺"老板娘陈刘氏所创。因她脸上有几颗麻子，故称为麻婆豆腐。见图 6.29。

图 6.29　麻婆豆腐

图 6.30　夫妻肺片

川香辣子鸡，是一道非常具有地方特色的名菜。在川菜中辣椒是必不可少的东西。辣子鸡的特点是麻辣鲜香，酥香爽脆，色泽红润，只观其色，闻其味，就让人口水直流。

夫妻肺片，通常以牛头皮、牛心、牛舌、牛肚、牛肉为主料，配以辣椒油、花椒面等辅料，卤制而成。制作精细，色泽美观，质嫩味鲜，麻辣浓香，非常适口。见图6.30。

【知识拓展】

语言禁忌

四川话拥有丰富且自成体系的禁忌语系统，早在西汉扬雄所著的《方言》中便有对蜀语中禁忌语的记载，蜀话的禁忌语中体现了较多的蜀地区的风俗、语言特点。

首先，蜀话中忌讳说凶恶动物，例如，蛇在四川话中的讳称有"梭老二"、"梭梭"、"干黄鳝"、"长虫"等，老虎在四川话中的讳称有"猫猫"、"大猫"、"大头猫"、"扁担花"等，狐狸在四川话中的讳称为"毛狗"，老鼠在四川话中的讳称有"耗子"、"老水子"、"高客"、"喜马"等。

其次，四川话中忌讳说不吉或不雅的词，如与"散"同音的"伞"往往被称作"撑花儿"或"撑子"，而死亡在四川话中通常被称为"不在"，并有"莫搞了"、"莫脉了"、"戳火了"、"撬杆儿了"、"翻翘了"等说法，再如生病在四川话中被称为"不好"或"装狗"。

三、云南省

（一）传统习俗

泼水节是展现傣族水文化、音乐舞蹈文化、饮食文化、服饰文化和民间崇尚等传统文化的综合舞台，是研究傣族历史的重要窗口，具有较高的学术价值。泼水节展示的章哈、白象舞等艺术表演有助于了解傣族感悟自然、爱水敬佛、温婉沉静的民族特性。同时泼水节还是加强西双版纳全州各族人民大团结的重要纽带，对西双版纳与东南亚各国友好合作交流、促进全州社会经济文化的发展起到了积极作用。

2006年5月20日，该民俗经国务院批准列入中国第一批国家级非物质文化遗产名录。

（二）特色美食

云南有民谚："昆明酸腌菜，云南人最爱。"昆明酸腌菜，是老百姓的家常腌菜，凉拌、爆炒，想怎么吃就怎么吃，有点酸酸的，很开胃。

饵块为云南特有，是腾冲最著名的名特小吃之一，也是昆明地区常见的传统食品之一。见图6.31。

图 6.31　饵块

红烧鸡枞是昆明特有的一道名菜。鸡枞是云南特产的名贵野生食用菌，味道鲜、甜、嫩、香，简直可以和鸡肉相媲美，还能养胃、提神。

四、贵州省

（一）传统习俗

苗族芦笙舞滚山珠为国家级非物质文化遗产，原名"地龙滚荆"，苗语叫"子落夺"。它流传在贵州省纳雍县猪场苗族彝族乡，是苗族人民世代相传的芦笙舞蹈之一。传说远古时期，苗族祖先大迁徙，途中道路坎坷，荆棘遍野，英勇的苗族青年们为了给父老乡亲们开辟一条通道，就用自己矫健的身躯从荆棘林中滚出一条路，人们为了纪念这些青年的功绩，就模仿他们用身躯滚倒荆棘的动作，编成芦笙舞，取名"地龙滚荆"。见图6.32。

图 6.32　苗族芦笙舞滚山珠

（二）特色美食

酸汤鱼，是苗族独有的食品，入口酸味鲜美，辣劲十足，令人胃口大开。酸汤是用烧开的米泔水酿制而成的，汤里有特产糟辣椒和本地许多有营养的中草药，再加入番茄酸烹出自然酸汤，上好的酸汤应为白色。如再加些黄豆芽、小竹笋和野葱作辅料，风味就更加独特。

豆腐圆子，是很有特色的贵州特色小吃，其中以雷家豆腐圆子最为出名。雷家豆腐圆子以豆腐为主要材料，烹饪的做法以软炸为主，口味属于家常味。

丝娃娃，是用一张手工烙制的巴掌大面皮，将豆芽、黄瓜、胡萝卜等时令蔬菜一股脑全部包起来，加几粒炸得金黄的豆子进去，浇上一小勺贵州特有的糊辣椒蘸水，赶紧塞进嘴里大嚼特嚼，那满口的香辣酥脆，令人久久不能忘记。见图 6.33。

图 6.33　丝娃娃

五、西藏自治区

（一）传统习俗

献"哈达"是蒙古人民和藏族人民的一种礼节。在西藏，婚丧节庆、迎来送往、拜会尊长、觐见佛像、送别远行等，都有献"哈达"的习惯。献"哈达"是对对方表示纯洁、诚心、忠诚、尊敬的意思。据说，藏民进了寺庙大门，先献一条哈达，然后参拜佛像，到各殿参观，随坐，到离别时，还在自己坐过的座位后边放一条哈达，表示人虽离去，但心还留在这里。藏族认为白色象征纯洁、吉利，所以，哈达一般是白色的。此外，还有五彩哈达，颜色为蓝、白、黄、绿、红。蓝色表示蓝天，白色是白云，黄色象征大地，绿色是江河水，红色象征火焰。五彩哈达是献给菩萨和近亲时做彩箭用的，是最珍贵的礼物。佛教教义解释五彩哈达是菩萨的服装。所以，五彩哈达只在特定的情况下才用。

（二）特色美食

糌粑，把青稞或豌豆炒熟之后磨成面粉，食用的时候和酥油茶拌和，用手捏成团就可以吃了，也可以用盐茶、酸奶或青稞酒拌着吃。吃法简单，营养丰富，携带方便，充饥御寒。藏民吃糌粑首先在碗里放上 1/3 多的酥油茶（见图 6.34），然后放上适当的糌粑，用手不断搅匀后捏成糌粑团，即可食之。

图 6.34　酥油茶

藏族酥酪糕，是将提取过奶油的淀粉凉干，用磨磨成粉末，拌入黄油、白糖、人参果、桃仁、葡萄干等，做成圆形或方形，表面有红丝绿丝的表现吉祥、长寿图案的醒面胚，放入笼屉内蒸熟，成为奶味甜点，有滋补强身功效，为藏胞待客糕点。见图 6.35。

图 6.35　藏族酥酪糕

藏族血肠的制作方法是，藏族地区每宰一只羊，羊血通常不单独食用，而是灌入小肠内煮熟吃，从羊腔中舀在盆里的羊血，一般正好灌满它自己的肠肚。把羊肉剁碎加入调味料，在均匀搅拌后灌入肠内，用线系成小段（制作方法与制作香肠一样），然后将灌好的血肠放开汤中煮，煮到血肠浮起来，肠成白色，大约八成熟时起锅，装入盘内便可以吃了。吃时不碎不渣不脱皮，口感清香软嫩。

青稞酒、酥油茶也是西藏地区的标志性饮食。

课堂活动　请同学们动起来，表演藏族人民用青稞酒招待客人的场景。

【思考与练习】

1. 举例说明西南地区的地貌特征。

2. 简要介绍你最向往的西南地区的城市。

3. 简要介绍成都双流国际机场、重庆江北国际机场的概况。

4. 简要介绍西南地区你认为最有地方特色的风土人情。

5. 为云南省设计一条旅游宣传标语。

6. 试着介绍西南地区某种美食的制作过程。

第七章 大美边塞 人文西北

【学习目标】
1. 了解西北旅游区的概况。
2. 掌握西北旅游区的空港城市和机场。
3. 掌握西北旅游区的重要景点。
4. 了解西北旅游区的航线特点和风土人情。

西北区深居中国内陆，独特的地理环境造就了独特的人文特征，享誉全国的美食让人垂涎三尺。

第一节 区域概述

西北区，是中国航空地理分区之一，东临华北地区，西临新疆，包括陕西省、青海省、甘肃省、宁夏回族自治区等4个省区。其中，陕西省是本地区人口最稠密、交通最便捷、经济最发达的区域。西安市是中国西部地区重要的国家中心城市，也是中华文明和中华民族重要发祥地，还是丝绸之路的起点。

（一）自然区划概况

自然区划概念下的西北区，主要包括秦岭淮河一线、黄土高原、黄河上游、昆仑山等地形单元。面积约144.69万平方千米，人口约7691万人（2016年常住人口）。降水稀少、气候干旱是本区主要的气候特征。除秦岭以南地区外，大部分地区降水稀少，全年降水量大部分地区在500毫米以下，属于大陆性干旱半干旱气候和高寒气候，其中黄土高原年降水量在300～500毫米之间。

（二）环境特征

区内地形多变，气候较干旱；耕地面积小，草原辽阔；矿产丰富，工业发展潜力大。与我国东南部地区相比，区内地广人稀，农业不甚发达，工业基础较弱，经济相对落后。

新中国成立以来，经济发展较快。目前，已初步形成以电力、冶金、石油、化工、机械和纺织为主的工业体系，建成了西安、兰州两大工业中心。

本区地处内陆，地面交通以铁路为主。陇海—兰新铁路斜穿全境，为本区的交通命脉，沿线为工业建设的重点地区及农业基地。该线串接了包兰、兰青、宝成等铁路及青藏、川青等公路，联系着区内外各地。西北地域辽阔，自然条件复杂，地面交通困难多，收效慢，发展航空运输是必不可少的环节，但目前空运发展水平相对落后，市场份额低。

（三）机场群

西北区的重要机场有：西安咸阳国际机场、兰州中川机场、西宁曹家堡国际机场和银川河东机场。西安咸阳国际机场以其"承接东西，连接南北"的区位优势成为中国国内干线重要的航空港和国际定期航班机场，是中国民航局规划建设的大型区域性枢纽机场之一，也是东航西北公司、海航长安公司和南航西安分公司的基地机场。见表7-1。

表7-1　2017年西北区主要机场生产统计表

机场	旅客吞吐量（人次）	货邮吞吐量（吨）	起降架次（次）
西安/咸阳	41857229	2598725	318959
兰州/中川	12816443	60906	103690
银川/河东	7936445	42182	67059
西宁/曹家堡	5627696	27686	48529

课堂
活动　请在中国地图上准确指出西北区位置，并简要分析本区域地形特征。

第二节　重点城市及机场

一、西宁市

（一）城市简介

西宁市，古称青唐城、西平郡、鄯州，取"西陲安宁"之意，是青海省省会、西北地区重要的中心城市，也是青海省的政治、经济、科教、文化、交通、通讯中心和国务院确定的内陆开放城市，还是中央军委西宁联勤保障中心驻地。见图7.1。

图 7.1　西宁市

西宁市位于青海省东部，湟水中游河谷盆地，是青藏高原的东方门户，古"丝绸之路"南路和"唐蕃古道"的必经之地，自古就是西北交通要道和军事重地，素有"西海锁钥"、"海藏咽喉"之称，是世界高海拔城市之一。

西宁市历史文化源远流长，得天独厚的自然资源，绚丽多彩的民俗风情，使其成为青藏高原一颗璀璨的明珠。它先后荣获全国卫生城市、中国特色魅力城市 200 强、中国优秀旅游城市、中国园林绿化先进城市、国家森林城市、全国文明城市等荣誉称号。

西宁市属于大陆性高原半干旱气候，年平均日照为 1939.7 小时，年平均气温 7.6℃，最高气温 34.6℃，最低气温 –18.9℃。夏季平均气温 17~19℃，气候宜人，是消夏避暑胜地，有"中国夏都"之称。面积为 7679 平方千米，2016 年常住人口约 234 万人。

（二）空港介绍——西宁曹家堡国际机场

西宁曹家堡国际机场，三字代码为 XNN，四字代码为 ZLXN，位于青海省互助县高寨乡境内，距市中心 28 千米。西宁曹家堡国际机场是国内 4E 级干线机场，是青藏高原重要交通枢纽和青海省主要对外口岸，也是东航、厦航、海航的基地机场。机场类型是民用运输机场。见图 7.2。

图 7.2　西宁曹家堡国际机场

2018 年 9 月 28 日，西宁曹家堡国际机场揭牌仪式在 T2 航站楼内举行。航站楼面积 T1 10727 平方米，T2 4.3 万平方米，跑道长度 3800 米。

西宁曹家堡国际机场目前有国航、东航、南航、上航、川航、厦航、春秋、西藏等航空公司运营，其中东航西北分公司、南航西安公司、厦航在此设过夜基地。

二、兰州市

（一）城市简介

兰州市，简称兰，是甘肃省省会，中国西北地区重要的工业基地和综合交通枢纽，西部地区重要的中心城市之一，西陇海兰新经济带重要支点，西北地区重要的交通枢纽和物流中心，也是新亚欧大陆桥中国段五大中心城市之一、西北地区第二大城市，我国华东、华中地区联系西部地区的桥梁和纽带，西北的交通通信枢纽和科研教育中心，丝绸之路经济带的重要节点城市，还是中国人民解放军西部战区陆军机关驻地。见图7.3。

图 7.3　兰州市

兰州市位于中国西北部、甘肃省中部，市中心位于北纬 36°03′、东经 103°40′，北与武威市、白银市接壤，东与定西市接壤，南与临夏回族自治州接壤，总面积 13085.6 平方千米，截至 2016 年常住人口 370.55 万人。2017 年 10 月，被授予国家园林城市。

截至 2014 年，兰州境内的植物有甘草、当归、党参、麻黄、秦艽、鬼臼、祖师麻、玫瑰等中药材。野生动物有 187 种，珍稀动物有黑鹳、藏雪鸡、金钱豹、蓝马鸡等。

（二）空港介绍——兰州中川国际机场

兰州中川国际机场三字代码为 LHW，四字代码为 ZLLL。该机场位于中国甘肃省兰州市兰州新区中川镇，距市区 75 多千米，飞行区等级 4E，是西北地区主干机场之一，也是甘肃省省会兰州市的空中门户、西北地区的重要航空港、国际备降机场。见图7.4。

2016 年 11 月 28 日，兰州中川国际机场年旅客吞吐量首次突破 1000 万人次。

截至 2016 年 11 月，兰州中川国际机场开通前往国内外共 85 个城市的 149 条航线。其中，国内城市 66 个，航线 128 条；国际及地区城市 19 个，航线 21 条。

截至 2017 年 8 月，兰州中川国际机场有 1 条跑道，跑道长 4000 米、宽 60 米，T1、T2 航站楼面积约 9 万平方米，有 38 个停机位，设有双向 I 类精密进近仪表着陆系统和 I 类进近灯光系统，可满足波音 747、空客 A330 等大型飞机安全起降要求。

图 7.4　兰州中川国际机场

兰州中川国际机场已成为甘肃乃至西北地区一个十分重要的对外开放窗口，成为甘肃立体交通体系中的一个重要站点。兰州中川国际机场作为向西开放的重要门户机场、甘肃对外开放交流的新窗口、全国文明单位，在服务于国家"一带一路"发展战略中，发挥了重要的"引擎"作用。

兰州中川国际机场是东航甘肃分公司、海航兰州分公司的运营基地，目前还有国航、南航、深航、山航、厦航、川航、上航、春秋等 10 多家航空公司在此运营。

三、西安市

（一）城市简介

西安市，古称长安、镐京，是陕西省省会、副省级市、关中平原城市群核心城市、中国西部地区重要的国家中心城市，也是国家重要的科研、教育、工业基地。西安是中国四大古都之一，被联合国教科文组织于 1981 年确定为"世界历史名城"，并被美媒评选为世界十大古都之一。西安市地处关中平原中部，北濒渭河，南依秦岭，有"八水润长安"之景观。下辖 11 区 2 县，总面积 10108 平方千米。2017 年末户籍总人口 905.68 万人。见图 7.5。

图 7.5　西安市

长安自古帝王都，其先后有西周、秦、西汉、新莽、东汉、西晋、前赵、前秦、后秦、西魏、北周、隋、唐13个王朝在此建都，是中华文明和中华民族重要发祥地，也是丝绸之路的起点。

西安市是中国最佳旅游目的地、中国国际形象最佳城市之一，有两项六处遗产被列入《世界遗产名录》，另有西安城墙、钟鼓楼、华清池、终南山、大唐芙蓉园、陕西历史博物馆、碑林等景点。西安也是国家重要的科教中心，拥有西安交通大学、西北工业大学、西安电子科技大学等7所"双一流"建设高校。

2018年10月11日，西安入选2018中国文化竞争力十佳城市排行榜，排名第4名。

【知识拓展】

各派宗教在西安的发展

（一）佛教

佛教于西汉末年传入长安，已有1900多年的历史。截至2012年，西安有佛寺百余所，僧尼约700人，信教群众约8万人。唐朝时，日本空海大师来长安学佛，并学习中国文化，被誉为中日民间交往的友好使者。

（二）道教

道教是中国土生土长的宗教，产生于东汉顺帝时期，距今已有1800多年的历史。影响较大的宫观有周至县楼观台（是道教的发源地之一）、西安八仙宫、重阳宫（该宫是道教全真派的祖庭，是在中国影响较大的全真教派的发源地，位于鄠邑祖庵镇）、临潼骊山老母殿、户县财神刘海故里、户县钟馗故里遗址。

（三）基督教

基督教从《大秦景教流行中国碑》的记载算起，传入西安已有1300多年的历史。基督教大量传入并有较大发展主要是在鸦片战争以后。建于唐代的基督教景教大秦寺，位于周至县终南山下，楼观台西侧，该寺仅存一古塔，影响较大的基督教堂有南新街礼拜堂、东新巷礼拜堂等。

（四）天主教

截至2016年，西安有天主教堂点94处，教职人员297人，信教群众近6万人。影响较大的教堂有五星街天主教堂、糖坊街天主教堂、高陵县通远镇天主教堂、周至县天主教总堂、户县围棋寨天主教堂、户县北市天主大教堂等，在秦岭户县境内还有西北著名的天主教朝圣场所——十字山等。

（五）伊斯兰教

伊斯兰教于唐永徽二年（公元651年）传入西安，有1300多年的历史。截至2016年，西安有清真寺21所。影响较大的寺院有化觉巷清真寺、大学习巷清真寺、大皮院清真寺、小皮院清真寺等。

（二）空港介绍——西安咸阳国际机场

西安咸阳国际机场三字代码为XIY，四字代码为ZLXY，位于中国陕西省西安市西北方向的咸阳市渭城区，距西安市区 25 千米，为 4F 级民用国际机场，是中国八大区域枢纽机场之一、国际定期航班机场、世界前百位主要机场。见图 7.6。

图 7.6 西安咸阳国际机场

2014 年 6 月，西安咸阳国际机场成为西北第一个、中国第八个实行 72 小时过境免签政策的航空口岸。

截至 2017 年 9 月，西安咸阳国际机场拥有三座航站楼，分别为 T1 航站楼、T2（国内）航站楼和 T3（国内及国际）航站楼，共 35 万平方米；共有两条跑道，跑道长度分别为 3000 米、3800 米；停机位 127 个、登机桥 44 个、货运区 2.5 万平方米；可保障高峰小时旅客吞吐量 1 万人次、年旅客吞吐量 5000 万人次、货邮吞吐量 40 万吨的运行需要；与国内外 62 家航空公司建立了航空业务往来，通航城市达 171 个，开通国内外航线 313 条。

西安咸阳国际机场是东航西北公司、南航西安公司、海航长安公司、天津航空西安分公司、深航西安分公司、幸福航空的运营基地。国航、山航、厦航、川航、上航、首都、祥鹏、春秋、成都、西部、吉祥、河北、奥凯等 10 多家国内航空公司以及韩亚航、大韩航、亚洲航、芬兰航等多家国外航空公司在此运营，目前共有运营航空公司 20 多家。

四、银川市

（一）城市简介

银川市，简称"银"，是宁夏回族自治区的首府、国家历史文化名城、西北地区重要的中心城市之一，也是自治区的军事、政治、经济、文化、科研、交通和金融中心。银川市是以发展轻纺工业为主，机械、化工、建材工业协调发展的综合性工业城市。它位于宁夏平原中部，东踞鄂尔多斯西缘，西依贺兰山，黄河从市境穿过，是中国历史文化名城、宁蒙陕甘毗邻地区中心城市、丝绸之路的节点城市，也是深入实施西部大开发战略的重点经济区。见图 7.7。

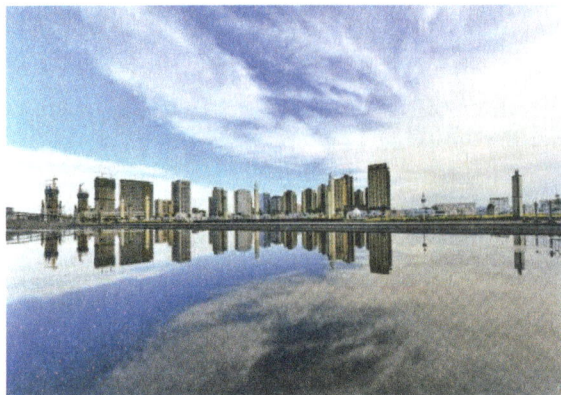

图 7.7　银川市

银川市是历史悠久的塞上古城，早在 3 万年前就有人类在水洞沟遗址繁衍生息，也是史上西夏王朝的首都，为国家历史文化名城，民间传说中又称"凤凰城"，古称"兴庆府"、"宁夏城"，素有"塞上江南、鱼米之乡"的美誉。城西有著名的国家级风景名胜区西夏王陵。

2016 年 12 月，银川市被国务院列为第三批国家新型城镇化综合试点地区。

2017 年，银川市复查确认继续保留"全国文明城市"荣誉称号。

2018 年 1 月，银川市获评"2017 中国智慧城市发展示范城市"。

宁夏独特的自然地理条件，使银川拥有许多独具特色的农副畜产品，其中最主要的是被誉为"红、黄、蓝、白、黑"的宁夏"五宝"——枸杞、甘草、贺兰石、滩羊皮、发菜。

（二）空港介绍——银川河东国际机场

银川河东国际机场三字代码为 INC，四字代码为 ZLIC，位于中国宁夏回族自治区银川市灵武市临河镇，距市区 19 千米，为 4E 级民用国际机场，是区域枢纽机场、西北机场群成员。见图 7.8。

2016 年 12 月 27 日，银川河东国际机场 T3 航站楼正式投入运行，新建 8.2 万平方米的航站楼、17.86 万平方米的站坪、5.32 万平方米的停车场、9205 平方米的货运库。

2017 年，银川河东国际机场全年实现运输起降 67059 架次、旅客吞吐量 7936445人次、货邮吞吐量 42181.6 吨，同比分别增长 24.4%、25.2% 和 13.7%，分别位居中国第 45、38 和 37 名。

图 7.8　银川河东国际机场

　　2018 年 1 月 10 日，工程通过机场公司竣工验收。新建成后的国际厅位于银川河东国际机场 T2 航站楼 2 层，国际厅的值机柜台增加至 10 个，安检通道增加到 7 条，中转流程二次安检通道 3 条。10 条出境边防通道中，新增了 2 条自助通道；12 条入境边防通道中，有 4 条为自助通道，中转边防通道 8 条，其中 2 条自助通道、检验检疫通道和海关出入境通道各 4 条。

　　银川河东国际机场目前运营的有东航、国航、南航、海航、川航、深航、山航、厦航、上航、天津、春秋、幸福、吉祥、华夏、西藏、长龙、远东等 10 多家航空公司。

课堂活动　如果你是西北区的本地人，你会向游客重点介绍哪个城市？为什么？

第三节　重要航线及航空公司

一、西北区内重要航线

（一）北京—兰州（PEK—DNH）

　　北京首都国际机场—兰州中川国际机场，航班号是 CA1271，飞行距离约 1356 千米，全程飞行 2 小时 50 分钟，飞行高度 9200~9500 米，途经河北省、山西省、内蒙古自治区、宁夏回族自治区、甘肃省，飞越黄河、燕山山脉和贺兰山。

（二）北京—西安（PEK—SIA）

　　北京首都国际机场—西安咸阳国际机场，航班号是 CA1289，飞行距离约 1046 千米，全程飞行 1 小时 54 分钟，飞行高度 9200~9500 米，途经河北省、山西省、陕西省，飞越汾河、黄河、渭河、太行山、吕梁山、秦岭和华山。

二、西北区重要航空公司

图7.9 幸福航空标志

幸福航空有限责任公司，简称幸福航空，是一家运营国产飞机，经营支线网络的航空公司。它以西安咸阳国际机场作为主运营基地，采用成本优先的运营模式，重点开展西部支线航空的客货运输服务，通过建立以区域枢纽和中心城市为核心、连接周边中小城市的支线网络，谋求与骨干航空公司的干线网络，建立干支联程。

幸福航空的标志由5个莲花的花瓣、"幸福航空"和"Joyair"中英文字样组成，有着深厚的寓意。标志体现的是我国东南西北中五大区域的融合。它代表了中国民航事业的创新和发展，也表现出幸福航空为旅客提供舒适与平安之旅的决心，真正打造"和谐之旅"的服务理念。

整个标志也可以看作是一只飞翔的鸟，鸟的头是向着西部，它寓意着公司将会立足于西安，肩负着发展西部支线航空的历史重任。

三、西北区航线特点

（1）旅客大多具有西北人的豪放、憨厚的性格，客舱比较安静。

（2）土地面积广，适宜建机场。

（3）多晴天，有利于飞行。

第四节　重点旅游景点

一、青海省

青海位于中国西部，雄踞世界屋脊青藏高原的东北部，是中国青藏高原上的重要省份之一，简称青，省会为西宁。

境内山脉高耸，地形多样，河流纵横，湖泊棋布。昆仑山横贯中部，唐古拉山峙立于南，祁连山矗立于北，茫茫草原起伏绵延，柴达木盆地浩瀚无限。长江、黄河之源头在青海，中国最大的内陆高原咸水湖也在青海。

青海与甘肃、四川、西藏、新疆接壤，辖西宁市、海东市两个地级市和玉树藏族自治州、海西州、海北州、海南州、黄南州、果洛州等6个民族自治州，共48个县级行政单位。青海省有藏族、回族、蒙古族、土族、撒拉族等43个少数民族，全省常住人口593.46万人（2016年）。

青海有着"世界屋脊"的美称。青海东部素有"天河锁钥"、"海藏咽喉"、"金城屏障"、"西域之冲"和"玉塞咽喉"等称谓，是长江、黄河、澜沧江的发源地，被誉为"三江源"、"江河源头"、"中华水塔"。青海省地处青藏高原东北部，其地形大势是盆地、高山和河谷相间分布的高原。它是"世界屋脊"青藏高原的一部分。

（一）青海湖

青海湖为国家级风景名胜区、国家 5A 级旅游景区、国家级湿地公园、国家级自然保护区。

青海湖地处青海高原的东北部，西宁市的西北部，是我国第一大内陆湖泊，也是我国最大的咸水湖。青海湖面积达 4456 平方千米，环湖周长 360 多千米，比著名的太湖大一倍还要多。湖面东西长，南北窄，略呈椭圆形。青海湖水平均深约 21 米多，最大水深为 32.8 米，蓄水量达 1050 亿立方米，湖面海拔为 3260 米。见图 7.10。

图 7.10　青海湖

青海湖入选世界纪录协会中国最大的咸水湖、中国最大的内陆湖。青海湖拥有多项"中国之最"。青海湖每年 12 月封冻，冰期 6 个月，冰厚半米以上。湖中有 5 个小岛，以海心山最大。鸟岛位于湖的西部，面积 0.11 平方千米，是斑头雁、鱼鸥、鸬鹚等 10 多种候鸟繁殖生息场所，数量多达 10 万只以上。现已建立鸟岛自然保护区，湖中盛产青海湖裸鲤，滨湖草原为良好的天然牧场。

（二）互助土族故土园

互助土族故土园景区为国家 5A 级旅游景区，位于青海省海东市互助土族自治县威远镇境内，距青海省会西宁市 31 千米，总规划面积 6.81 平方千米，其中核心游览区达 3.25 平方千米。景区包括天佑德中国青稞酒之源、彩虹部落土族园、纳顿庄园和西部土族民俗文化村、小庄土族民俗文化村 5 个核心景点，分别展现了土族绚丽多彩的民俗文化、源远流长的青稞酒文化、弥久沉香的酩馏酒文化、古老纯真的建筑文化、别具一格的民居文化、古朴神秘的宗教文化，是世界上最全面、最纯正、最真实的以"土族文化"为主题，集游览观光、休闲度假、民俗体验、宗教朝觐为一体的综合性旅游景区，成为国内外游客集中了解土族民俗文化的首选之地。见图 7.11。

图 7.11　互助土族故土园

（三）塔尔寺

　　塔尔寺为国家 5A 级旅游景区、全国重点文物保护单位，与西藏的甘丹、哲蚌、色拉、扎什伦布寺和甘南的拉卜楞寺并称为我国藏传佛教格鲁派六大寺，是格鲁派创始人宗喀巴诞生的地方。由于寺院规模宏大完整，交通方便，已成为人们游览参观藏传佛教寺院最集中的地方和青海省最主要的旅游胜地。壁画、堆绣和酥油花为塔尔寺的艺术三绝。见图 7.12。

图 7.12　塔尔寺

　　塔尔寺位于青海省湟中县鲁沙尔镇南面的莲花山中，距省会西宁市 25 千米。塔尔寺是藏传佛教格鲁派的创始人宗喀巴大师的降生地。宗喀巴成名后，有许多有关他灵迹的传说。据说在他诞生后剪脐带滴血的地方长出一株白旃檀树。明洪武十二年（公元1379 年），宗喀巴母亲按儿子来信所示，在信徒们帮助下，以这株旃檀树和宗喀巴所寄狮子吼佛像为胎藏，砌石建塔，这是塔尔寺最早的建筑。后来，该塔一再改建易名，成为现在大金瓦殿中的大银塔，是全寺的主供神物，汉语塔尔寺即由此塔得名。明嘉靖三十九年（公元 1560 年），禅师仁钦宗哲坚赞于塔旁建一静房，聚僧坐禅。17 年后，再建弥勒佛殿一座，塔尔寺初具规模，取藏名"衮本贤巴林"，意为"十万佛身像弥勒洲寺"。

二、甘肃省

甘肃省，简称甘或陇，中国省级行政单位之一，位于黄河上游，省会为兰州市。甘肃是取甘州（今张掖）与肃州（今酒泉）二地的首字而成，由于西夏曾置甘肃军司，元代设甘肃省，简称甘，又因省境大部分在陇山（六盘山）以西，而唐代曾在此设置过陇右道，故又简称为陇。

甘肃地处北纬 32°31′ ~ 42°57′，东经 92°13′ ~ 108°46′，地控黄河上游，沟通黄土高原、青藏高原、内蒙古高原，东通陕西，南瞰巴蜀、青海，西达新疆，北扼内蒙古、宁夏，西北出蒙古国，辐射中亚。甘肃省东西蜿蜒 1600 多千米，全省面积 45.37 万平方千米，占中国 4.72%。全省总人口为 2763.65 万人，常住人口 2553.9 万人。下辖 12 个地级市、2 个自治州。

甘肃历史跨越八千余年，是中华民族和华夏文明的重要发祥地之一，也是中医药学的发祥地之一，被誉为"河岳根源、羲轩桑梓"。

（一）敦煌莫高窟

敦煌莫高窟为全国重点文物保护单位、爱国主义教育基地、世界文化遗产，是甘肃省敦煌市境内的莫高窟、西千佛洞的总称，是我国著名的四大石窟之一，也是世界上现存规模最宏大、保存最完好的佛教艺术宝库。见图 7.13。

图 7.13　莫高窟

莫高窟位于敦煌市东南 25 千米处，开凿在鸣沙山东麓断崖上。中国石窟艺术源于印度，印度传统的石窟造像乃以石雕为主，而敦煌莫高窟因岩质不适雕刻，故造像以泥塑壁画为主。

塑像亦由早期的"瘦骨清秀"造型，重返"丰硕壮实"之貌。窟中壁画主要是大场面的说法图和简单的经变图。

【知识拓展】

莫高窟

莫高窟在唐朝时有窟千余洞，现存石窟492洞，其中魏窟32洞，隋窟110洞，唐窟247洞，五代窟36洞，宋窟45洞，元窟8洞。

唐朝为莫高窟全盛时期，隋代百窟样式由北朝的中央塔式改为中心佛坛，组像同前。唐朝出现一佛、二弟子、二天王或二力士的组合。塑像亦由早期的"瘦骨清秀"造型，重返"丰硕壮实"之貌。窟中壁画主要是大场面的说法图和简单的经变图。莫高窟最大塑像皆塑于唐朝，第96窟大佛是莫高窟中最大的塑像。唐代壁画是多种经变图，其规模极为宏伟，表现出天国的壮丽图景。石窟造像在五代时已丧失生命力，自宋代起步入衰退。

（二）麦积山石窟

麦积山石窟为国家级风景名胜区、国家5A级旅游景区、全国重点文物保护单位、爱国主义教育基地、世界文化遗产。见图7.14。

图7.14　麦积山石窟

麦积山石窟位于秦岭西端北侧，距城区28千米，凿于十六国后秦时期，经北魏、西魏、北周、隋唐、五代、宋、元、明、清等10多个朝代的不断开凿、重修，遂成为仅次于敦煌莫高窟的我国第二大艺术宝库。麦积山石窟现存194个洞窟，泥塑、石雕7800多件，壁画1000多平方米，崖阁8座，以其精美的泥塑艺术闻名中外，被誉为"东方艺术雕塑馆"，是古丝绸之路上的一朵艺术奇葩，与敦煌莫高窟、山西云冈石窟、河南龙门石窟并称为中国四大石窟，而麦积山石窟则以独特的泥塑艺术独树一帜。

（三）张家川回乡风情园

张家川回乡风情园为国家4A级旅游景区。张家川回族自治县是甘肃东南部唯一的回族聚居区。见图7.15。

图 7.15　张家川回乡风情园

天水张家川回乡风情园是国内是唯一一家将回族文化与伊斯兰文化融为一体的园林建筑，也是目前唯一一家将"两大文化"通过景观形式展示给世人的回乡风情园。园区建筑从构思布局到整体结构，从建筑形式到展示内容，全面展示灿烂多姿的回族优秀传统文化，体现博大、宽容、和平的伊斯兰教核心价值，为弘扬和传承民族文化、提升城市品位、改善当地人居环境发挥着重要作用。

三、陕西省

陕西，简称陕或秦，中华人民共和国省级行政单位之一，省会古都西安。地理位置介于东经 105°29′ ～ 111°15′，北纬 31°42′ ～ 39°35′ 之间，自然区划上因秦岭—淮河一线而横跨北方与南方。陕西位于西北内陆腹地，横跨黄河和长江两大流域中部，连接中国东、中部地区和西北、西南的重要枢纽。

陕西是中国经纬度基准点大地原点和北京时间中国科学院国家授时中心所在地。全省总面积 20.58 万平方千米，2014 年末常住人口 3775 万，下辖 1 个副省级城市、9 个地级市，其中西安、宝鸡两市城市人口过百万。

陕西历史悠久，是中华文明的重要发祥地之一，上古时为雍州、梁州所在，是炎帝故里及黄帝的葬地。西周初年，周成王以陕原为界，原西由召公管辖，后人遂称陕原以西为"陕西"。陕西自古是帝王建都之地，九个大一统王朝，有五个建都西安（咸阳），留下的帝王陵墓共 79 座，被称为"东方金字塔"。

陕西是中国重要科教高地之一，拥有西安交通大学、西北工业大学、西安电子科技大学等 8 所 985 或 211 工程类大学 。陕西有三项九处世界遗产，分别是：长城、秦始皇兵马俑、大雁塔、小雁塔、兴教寺塔、大明宫、未央宫、彬县大佛寺石窟、张骞墓。

（一）秦始皇兵马俑博物馆

秦始皇兵马俑博物馆为国家级风景名胜区、国家 5A 级旅游景区、爱国主义教育基地、世界文化遗产、世界第八大奇迹。

1974年，秦始皇陵兵马俑坑的发现震惊世界。这一建在公元前3世纪的地下雕塑群以恢宏磅礴的气势、威武严整的军阵、形态逼真的陶俑向人们展示出古代东方文化的灿烂辉煌，无论建造年代、建筑规模与艺术效果无不堪与"世界七大奇迹"媲美。于是，"世界第八大奇迹"之誉不胫而走，成为秦始皇陵兵马俑的代名词。见图7.16。

图7.16　秦始皇兵马俑

秦始皇兵马俑博物馆是我国最大的遗址博物馆，除一号坑、二号坑、三号坑保护陈列大厅外，还有兵马俑坑出土文物陈列室和秦陵铜车马陈列室。

（二）大雁塔

大雁塔为国家5A级旅游景区、全国重点文物保护单位。

大雁塔位于和平门外4千米的慈恩寺内，又名"慈恩寺塔"，相传建于唐代永徽三年。赴印度取经的玄奘法师奏请在寺内建塔，用于存放他自印度带回来的经籍。这座塔初名为经塔，后世人称它为大雁塔，此塔巍峨挺拔，引起世人的赞叹。见图7.17。

图7.17　大雁塔

这座有着一千三百多年历史的大雁塔，成为古城西安独具风格的标志。大雁塔初建时只有5层，高60米，是仿照西域佛塔形式建的。后经多次修葺至今塔高64米，共7层，底层边长为25.5米。大雁塔是中国楼阁式砖塔的优秀典型。塔身用青砖砌成，每层四面都有券砌拱门，这种楼阁式砖塔造型简洁，气势雄伟，有显著的民族特色和时代风格。

至于雁塔之前冠以"大"字，则是后人为了区别于荐福寺小雁塔之故。

（三）大唐芙蓉园

大唐芙蓉园（Tang Paradise）为国家 5A 级旅游景区，位于古都西安大雁塔之侧，是中国第一个全方位展示盛唐风貌的大型皇家园林式文化主题公园。早在历史上，芙蓉园就是久负盛名的皇家御苑。今天的大唐芙蓉园建于原唐代芙蓉园遗址上，以"走进历史、感受人文、体验生活"为背景，展示了大唐盛世的灿烂文明。见图 7.18。

图 7.18　大唐芙蓉园

大唐芙蓉园位于陕西省西安市曲江新区，占地 1000 亩，其中水面 300 亩，总投资 13 亿元，是西北地区最大的文化主题公园，建于原唐代芙蓉园遗址以北。大唐芙蓉园创下多项纪录，有全球最大的水景表演，是首个"五感"（即视觉、听觉、嗅觉、触觉、味觉）主题公园；拥有全球最大户外香化工程；是全国最大的仿唐皇家建筑群，集中国园林及建筑艺术之大成。

四、宁夏回族自治区

宁夏回族自治区，简称宁，是中国五大自治区之一，处在中国西部的黄河上游地区，东邻陕西省，西部、北部接内蒙古自治区，南部与甘肃省相连。南北相距约 456 千米，东西相距约 250 千米，总面积为 6.6 万多平方千米。自治区首府银川。

宁夏是中华文明的发祥地之一，位于丝绸之路上，历史上曾是东西部交通贸易的重要通道。作为黄河流经的地区，这里同样有古老悠久的黄河文明。

早在三万年前，宁夏就已有了人类生息的痕迹，公元 1038 年，党项族的首领李元昊在此建立了西夏王朝，并形成了西夏文化，古今素有"塞上江南"之美誉。

（一）沙坡头

沙坡头为国家级风景名胜区、国家 5A 级旅游景区、国家水利风景区、国家级自然保护区。见图 7.19。

图 7.19　沙坡头

沙坡头位于中卫县城西 20 千米处的腾格里沙漠南缘，黄河北岸，乾隆年间，因在河岸边形成一个宽 2000 米、高约 100 米的大沙堤而得名沙陀头，讹音沙坡头。百米沙坡，倾斜 60°，天气晴朗，气温升高，人从沙坡向下滑时，沙坡内便发出一种"嗡——嗡——"的轰鸣声，犹如金钟长鸣，悠扬洪亮，故得"沙坡鸣钟"之誉，是中国四大响沙之一。站在沙坡下抬头仰望，但见沙山悬若飞瀑，人乘沙流，如从天降，无染尘之忧，有钟鸣之乐，所谓"百米沙坡削如立，碛下鸣钟世传奇，游人俯滑相嬉戏，婆娑舞姿弄清漪"正是这一景观的写照。

（二）水洞沟遗址

水洞沟遗址为国家 5A 级旅游景区，是三万年前古人类繁衍生息的圣地。水洞沟遗址于 1988 年被国务院公布为"全国重点文物保护单位"，被誉为"中国史前考古的发祥地"。它已成为东西方文化交流的见证，具有"世界性"、"唯一性"、"教育性"。见图 7.20。

图 7.20　水洞沟遗址

水洞沟遗址记录了远古人类繁衍生息，同大自然搏斗的历史见证，蕴藏着丰富而珍贵的史前资料。它向人们展示了距今三万年前古人类的生存画卷，是迄今为止我国在黄河地区唯一经过正式发掘的旧石器时代遗址。其中构成水洞沟文化基础的一些石制品、工具及石器制作修理技术，可以和欧洲、西亚、北非的莫斯特、奥瑞纳时期人类栖居地的石器相媲美。尤其出土的大量勒瓦娄哇石核，与欧洲相当古老的奥瑞纳文化的形状接近。对于这种地区相隔遥远、文化雷同的现象，外国著名考古专家认为是人类"大距离迁徙的同化影响"。水洞沟遗址所代表的文化，在阐述区域性石器技术传统的成因、远古文化的发掘和变异等方面具有重要地位，对于三万多年前东西文化的比较研究具有十分重要的意义。

（三）西夏王陵

西夏王陵为国家级风景名胜区、国家 4A 级旅游景区、文化旅游景点。见图 7.21。

图 7.21　西夏王陵

西夏王陵是西夏王朝的皇家陵园，位于宁夏银川市西郊约 35 千米的贺兰山东麓中段。在方圆 53 平方千米的陵区内，九座帝陵布列有序，253 座陪葬墓星罗棋布，是中国现存规模最大、地面遗址最完整的帝王陵园之一。西夏王陵于 1988 年被国务院公布为全国重点文物保护单位、国家重点风景名胜区，被世人誉为"神秘的奇迹"、"东方金字塔"。为了让海内外人士了解西夏历史，探究西夏文化的奥秘，在不断加强陵区文物保护工作的同时，着力开发了以三号陵为中心的游览区，相继建设了西夏博物馆、西夏史话艺术馆、西夏碑林等能够展现西夏深厚历史文化的景点。神秘的西夏王陵是银川西部贺兰山下的一颗璀璨的文化明珠，是人们领略西夏文化、寻古探幽的旅游胜地，它以诱人的魅力和与中原地区迥然不同的西夏文物古迹而具有无限的吸引力。

第五节　风土人情

一、青海省

（一）传统习俗

传统习俗主要为敬酒礼。"浓浓的美酒献亲人"，是青海人对远方来客表示热情的方式。他们热情、执着，还有一点点狂放，青海人层出不穷的民族敬酒方式，会给所有去过青海的客人留下难以磨灭的印象。青海人敬酒是真真正正的"敬献"，因为自己不喝。敬酒的时候不是一杯一杯地敬，而是端上来一个小托盘，上面摆着六个或八个小酒杯，客人必须把这一托盘的酒一次喝完。不光是敬酒的方式特别，敬酒的姿势也特别美，兰花指灵巧地曲起，弹一滴酒，敬天；又一滴，敬地；再一滴，敬父母，即便是人高马大的汉子也会这样。在数量方面也是很有讲究的，一般是敬四杯，祝愿"四红四喜"、"四季发财"。祝寿的时候则是敬八杯，取"八福长寿"之意。过年聚会要喝酒，只要是吉祥的话，就算是喝到十六杯也不奇怪。可以说青海人的酒会让所有去过那儿的人永生难忘。

（二）特色美食

很多外地人第一次来青海都会纠结于青海酸奶为什么不是"喝"的而是"吃"的。青海酸奶，与内地酸奶不同，这里的酸奶浓厚得要用勺子来吃，上面凝结着一层厚厚的奶皮，它的香醇鲜嫩非同凡响。或者在酸奶里加一勺白糖，酸中带甜，炎炎夏日吃上一口，更是凉爽可口。

夹沙牛肉，是青海的特色美食之一。青海人能把鸡蛋黄白分离做成"黄金白银乌丝糕"（发菜蒸蛋），也能用鸡蛋把牛肉先裹后炸，做成不似牛肉通体金黄的夹沙牛肉。见图7.22。

图7.22　夹沙牛肉

图7.23　狗浇尿油饼

狗浇尿油饼，是青海地区非常著名的面食。尖咀油壶盘旋式浇油其上，状如狗撒尿。这"狗浇尿"虽说名字不雅，但却丝毫不影响它在当地受欢迎的程度。见图7.23。

二、甘肃

（一）传统习俗

张掖民间在过去有拴锁锁的习俗。"拴锁锁"是给孩子"过满月"，请干大（即拜干爹），或给小伙子、姑娘订婚时举行的一种仪式。

孩子呱呱坠地的第29天，须要"过满月"。这天凡是来过满月的亲戚邻里，一进屋门，首先要给孩子拴个"长命富贵"的锁，以示祝福。待"宝贝蛋"能跑会跳后，父母又要请三个不同姓氏、品行端正的人给孩子当干大（即干爹），说是能镇邪驱恶、逢凶化吉。父母给孩子寻好"干大"后，择一良日，备好酒席，亲自登门请"干大"们届时光临。这一天吃饭之前，三个"干大"须将各自揣在怀里的"锁锁"掏出来，一一挂于干儿脖上。娃娃长大后，说下了媳妇，完婚前须先订婚，订婚又要挂锁锁。这天姑娘羞羞答答地在亲戚的陪伴下，早早来到小伙子家，万事就绪，宾主款款落席，一张大红的八仙桌上，双方的长辈笑呵呵地给孩子和姑娘互挂锁锁，锁锁一挂，这小伙子和姑娘就算被拴在了一起，两家正式成为亲家。不论是过满月，请干大，还是订婚所用锁锁，都是同样的东西。

（二）特色美食

兰州清汤牛肉面，不仅是享誉全国的风味小吃，而且具有悠久的历史，曾三次获得全国名优小吃"金鼎奖"、清真名牌食品、中华名小吃奖。其以独特的风味和地方特色赢得了国内乃至全世界范围内顾客的好评和赞誉。兰州清汤牛肉面美味又健康，讲求一清（汤清）、二白（萝卜白）、三红（辣子油红）、四绿（香菜绿）、五黄（面条黄亮）。见图7.24。

图 7.24　兰州清汤牛肉面

图 7.25　陇西腊肉

图 7.26　搓鱼面

陇西腊肉，非常有名，采用的生猪主要来自漳县、岷县一带，尤其以岷县蕨麻猪为最佳。农户饲养的生猪春季放牧，秋季圈养，猪肉的肥瘦肉相间，且带有药性，滋味纯美。见图7.25。

搓鱼面，又叫搓鱼子，因其形状酷似小鱼而得名，是张掖特有的美食。比较著名的店位于甘州小吃一条街中的吴记排档搓鱼。他家主要用两种搓鱼，一种是炒搓鱼，就是各种蔬菜混合搓鱼炒成一盘。另一种是干吃，拌辣椒放点醋。见图7.26。

三、陕西

（一）传统习俗

陕西民俗八大怪之一"帕帕头上戴"，说的是陕西武功、乾县、兴平等一带的妇女将手帕顶在头上当帽子戴。佩戴方法是把手帕在发际两边很随意地用发卡一卡，就戴在了头上了。

此风俗缘于关中盛产棉花，武功县曾是古邰国，是我国农业发祥地之一，传统的农耕文化促使人们形成天然的分工，即"男耕女织"，姐妹们头上总是顶着一方素色花格手帕（布帕）。这乃关中农村又一独特景观，这种习俗与一些少数民族妇女的织锦头饰相近，只是更为简单。

（二）特色美食

羊肉糊饽，特指陕西省合阳县黑池镇的羊肉糊饽，据民间传说是在元代由蒙古族传入而遗留下来的，以油水厚、味道美、价格低廉、经济实惠的特点被誉为关中四大名吃之一。过去曾有"宁说一盘糊饽，不吃酒席一桌"的俗谚，可见其受群众欢迎的程度。见图7.27。

图 7.27 羊肉糊饽

图 7.28 辣葫芦头

图 7.29　汉中面皮

辣葫芦头，是陕西西安汉族特色小吃。源于北宋街市食品中的"煎白肠"。因猪大肠油脂较厚，形状像葫芦，因此叫葫芦头。到了 20 世纪 30 年代，葫芦头已由肉类发展到包括海味类的众多品种，猪肉类葫芦头在用料上也发生了一些变化，如汤中增加了骨头和鸡，使汤味更加浓醇，质量提高，成为秋冬时节的风味小吃。见图 7.28。

汉中面皮，起源于秦汉时期，相传刘邦在汉中称王，命萧何修筑山河堰，粮食连年丰收。农民为改善生活，把面粉加水稀释，蒸成薄饼，切条凉拌而食，味道很美。一日，刘邦微服出访，进入百姓之家，好客的农民便以凉拌蒸饼丝条招待。刘邦边吃边称赞，问及名称，农民说不出来，刘邦听了制作方法哈哈一笑，信口说道："此乃蒸饼也。"后来，人们改用重叠式竹笼，一次可蒸数张，而且又大又薄，切成细条，筋丝柔韧，软而不断，恰像皮条，改名"面皮"。见图 7.29。

【知识拓展】

关中民俗八大怪

第一怪板凳不坐蹲起来。

第二怪房子半边盖。

第三怪姑娘不对外。

第四怪帕帕头上戴。

第五怪面条像裤带。

第六怪锅盔像锅盖。

第七怪油泼辣子一道菜。

第八怪秦腔不唱吼起来。

四、宁夏

（一）传统习俗

回族是中国穆斯林的主体民族。回族的开斋节（希吉来历九月），在回族穆斯林心目中是一个最尊贵的吉庆之月、和平之月，凡在这个月里做一件善事，就可获得安拉成倍的酬报。因此，凡符合条件的回族穆斯林必须奉行一个月的斋戒，斋月的起止日期视新月出现的日期而定，见月入斋，见月开斋。通常以两位最有威望的阿訇所见为准，然后本坊阿訇宣布入斋（或开斋）。入斋当天的凌晨四点左右，各清真寺的寺师傅，要到邦克楼（宣礼塔）上念邦克或打梆子，有的不辞辛苦，挨门逐户地敲打。人们听到后，赶忙起来，洗脸、洗手、漱口，做饭封斋。见图7.30。

图 7.30　开斋节

（二）特色美食

烩羊杂碎，又称"羊下水"或"羊下脚"。在我国食馔中，有"下水不上宴"之俗，至清代继"满汉全席"之后兴起的"全羊席"，或曰"全羊大菜"问世，始以改观。在宁夏回族自治区，烩羊杂碎既是风味小吃，又是宴席上人们喜爱的传统名肴。见图7.31。

羊肉臊子面，是宁夏著名的传统面食。在首府银川的大街小巷，处处可以见到羊肉臊子面馆。据说是由唐朝初期的"长寿面"演化而来，成为老人寿辰、小孩生日及其他节日的待客佳品，含"福寿延年"之意。

粉汤水饺，是一道传统小吃，宁夏各地均有制作。它是在传统的粉汤饺子的基础上演变而来的，目前仅用于中高档筵席。过去常见于街头摊点，现在多用于筵席，作为筵席小吃上桌，色彩多样，营养丰富。见图7.32。

图 7.31　烩羊杂碎

图 7.32　粉汤水饺

课堂活动　说起美食，真让人垂涎三尺啊，你还知道哪些西北区的特色美食呢，请简要介绍。

【思考与练习】

1. 简要说明西北地区的气候特征。

2. 查找西北地区各个省会、首府的市花、市树、市鸟、城市地标和高等学府。

3. 简要介绍西安咸阳国际机场、兰州中川国际机场的概况。

4. 简要介绍陕西省的饮食特征。

5. 简要介绍西北地区你最感兴趣的景区。

第八章　冰雪林海　别样东北

【学习目标】
1. 了解东北旅游区的概况。
2. 掌握东北旅游区的空港城市和机场。
3. 掌握东北旅游区的重要景点。
4. 了解东北旅游区的航线特点和风土人情。

东北三省，简称东三省，是对中国东北部的辽宁、吉林、黑龙江三省的总称。东北三省地处中国东北部，自古以来就泛称"东北"，而明以后又俗称"关东"，清朝时期至今也称之为东三省。

第一节　区域概述

东北旅游区位于我国东北部，北起黑龙江，南到辽东半岛，西起大兴安岭，东到长白山，包括黑龙江、吉林和辽宁三省。面积达 79 万平方千米，人口约 1.08 亿，以汉族为主，还有满、蒙、回、朝鲜、达斡尔、赫哲等，该地区是我国少数民族聚居区之一。

一、自然地理环境

（一）地貌

东北旅游区自然地理环境完整、独特，有壮丽的白山黑水、瑰丽的火山胜景、迷人的林海雪原、奇异的北国风光。该区基础雄厚，铁路四通八达，为发展旅游业提供了便利的条件。

境内山环水绕，沃野千里。水主要有黑龙江、乌苏里江、图们江、鸭绿江，山有大小兴安岭和长白山地。

东北平原由三江、松嫩、辽河三大平原组成。

（二）气候

东北地区属于中温带大陆性季风气候，四季分明。冬季寒冷而漫长，夏季温湿而短促，冬季盛行西北风，夏季盛行东南风。寒冷漫长的冬季使东北拥有丰富的冰雪旅游资源。

（三）生物资源

森林广布，本区原始森林面积和森林总面积在全国各旅游区中皆居首位。东北区以其良好的环境质量、优美的自然景观成为开展森林度假的极佳场所。东北区还有黑龙江的扎龙自然保护区、三江平原沼泽湿地保护区等。主要树种有红松、胡桃楸、黄菠萝、水曲柳等。"东北三宝"指的是人参、鹿茸、紫貂。

二、人文地理环境

东北有全国最发达的铁路运输网，全区有铁路70余条，总长度约1.4万千米，由滨州、滨绥及哈大线构成"丁"字形铁路骨架；以京沈线、京通线与关内相通，在满洲里、绥芬河、丹东、集安几处与俄罗斯、朝鲜的铁路相接，使区内、外交通十分便利。

目前本区有大连、沈阳、哈尔滨、长春四个国际机场，另有佳木斯、齐齐哈尔、牡丹江等支线机场。

在水运方面，主要有黑龙江、松花江的内河航运。

课堂活动 通过学习，用一句话概括你对东北旅游区的印象。

第二节　重点城市及机场

一、哈尔滨市

（一）城市简介

哈尔滨市，简称哈，是黑龙江省省会城市，中国东北地区中心城市之一，东北北部交通、政治、经济、文化、金融中心，也是中国省辖市中陆地管辖面积最大的城市，地处中国东北平原东北部地区、黑龙江省南部，为国家重要的制造业基地。哈尔滨地处东北亚中心地带，被誉为欧亚大陆桥的明珠，是第一条欧亚大陆桥和空中走廊的重要枢纽，也是中国历史文化名城、热点旅游城市和国际冰雪文化名城。哈尔滨市是国家战略定位的"沿边开发开放中心城市"、"东北亚区域中心城市"及"对俄合作中心城市"，素有"冰城"、"天鹅项下的珍珠"、"东方莫斯科"、"东方小巴黎"以及"冰城夏都"

等美称。

（二）空港介绍——哈尔滨太平国际机场

哈尔滨太平国际机场（见图8.1），原名哈尔滨阎家岗机场，始建于1979年，1998年更名为哈尔滨太平国际机场，从而标志其正式跻身于国际机场行列。现为中国东北地区最繁忙的三大国际航空港之一，是东北地区继大连周水子国际机场、沈阳桃仙国际机场后国家正式批复的三座"门户机场"之一，是全国通航俄罗斯航线最多的机场，也是东北亚地区重要的航空港。

哈尔滨太平国际机场是黑龙江省的枢纽机场，地处东北亚中心位置，是东南亚至北美航线的最佳经停点，也是中国东北地区乃至东北亚的重要空中交通枢纽之一。

图8.1　哈尔滨太平国际机场

二、长春市

（一）城市简介

长春是吉林省省会、东北亚经济圈中心城市，也是国务院定位的中国东北地区中心城市之一、我国重要的工业基地、国家历史文化名城和全国综合交通枢纽。

长春有着深厚的近代城市底蕴，是新中国最早的汽车工业基地和电影制作基地，有"东方底特律"之称，同时还是新中国轨道客车、光电技术、应用化学、生物制品等工业发展的摇篮，诞生了著名的中国一汽、长春电影制片厂、长春客车厂、中科院长春光机所和长春应用化学研究所、长春生物制品研究所等。

长春居于中国东北地区中部，地处京哈线与珲乌线交会处，西北与松原市毗邻，西南和四平市相连，东南与吉林市相依，东北同黑龙江省接壤。

长春，被誉为"北国春城"，绿化度居于亚洲大城市之冠，位列中国四大园林城市；长春连续九次蝉联"中国最具幸福感城市"，荣获"中国制造2025"试点城市、"全国首批城市设计试点城市"等荣誉，位列《2015 中国自然指数》中国十大科研城市第六位。

（二）空港介绍——长春龙嘉国际机场

长春龙嘉国际机场，简称长春机场或龙嘉机场（见图 8.2），是中国东北地区四大国际机场之一、东北亚区域重要的航空交通枢纽、干线机场。该机场位于长春市九台区龙嘉镇，是东北唯一一座高速铁路和机场无缝衔接的大型国际机场，是我国东北亚门户枢纽之一，现为首都机场集团下属机场，可同时为省内各大城市提供航空服务。

长春龙嘉国际机场现有国内航线 100 余条，港澳台及国际航线（日韩欧美等）20 余条；共有国内通航城市 30 余个，国际通航城市 3 个。

图 8.2 长春龙嘉国际机场

三、沈阳市

（一）城市简介

沈阳市，简称沈，是辽宁省省会，沈阳经济区的核心城市，中国东北的政治、经济、文化、金融、交通、商贸中心，东北第一大城市，也是中国人民解放军北部战区司令部驻地和直属中央军委沈阳联勤保障中心驻地，还是国务院批复确定的东北地区重要的中心城市。

沈阳市位于中国东北地区南部，地处东北亚经济圈和环渤海经济圈的中心，是长三角、珠三角、京津冀地区通往关东地区的综合枢纽城市。

沈阳是国家历史文化名城，素有"一朝发祥地，两代帝王都"之称；是中国最重要的以装备制造业为主的重工业基地，有"东方鲁尔"的美誉，先后获得"全国文明城市"、"国家环境保护模范城市"、"国家森林城市"、"国家园林城市"称号。

（二）空港介绍——沈阳桃仙国际机场

沈阳桃仙国际机场位于沈阳市南郊东陵区桃仙镇，是中华人民共和国国家一级干线机场、东北地区航空运输枢纽，也是东北地区重要的对外窗口和区域性枢纽机场。

沈阳桃仙国际机场地理位置优越，是多市共用机场。在以沈阳为中心的 150 千米的半径内，有鞍山、抚顺、本溪、阜新、盘锦、丹东、辽阳和铁岭等 8 座拥有百万以上人口的城市，构成以沈阳为核心的拥有 2400 万人口的城市群，机场与各市均有高速公路相连接。沈阳桃仙国际机场属于省会干线机场，是国家一类民用机场，占地面积约 382 万平方米，东西长 4059 米，南北宽 1513 米，建有 T1、T2、T3 三座航站楼。

第三节　重要航线及航空公司

一、东北区内重要航线

（一）北京—哈尔滨（PEK—HRB）

北京首都国际机场—哈尔滨太平国际机场，航班号是 CA1611，飞行距离约 1095 千米，全程飞行 1 小时 31 分钟，飞行高度 9800/9200 米，飞机从北京出发，途经密云水库，穿越河北省，经过内蒙古自治区的赤峰、通辽，辽宁省以及吉林省，跨过松花江，最后到达目的地黑龙江哈尔滨。

（二）北京—沈阳（PEK—SHE）

北京首都国际机场—沈阳桃仙国际机场，航班号是 CA1601，飞行距离约 649 千米，全程飞行 1 小时 35 分钟，飞行高度 7800/6600 米，途经河北、辽宁省，跨越海河，飞越渤海湾，到达目的地辽宁省沈阳。

二、东北区重要航空公司

东北区内的沈阳、大连、哈尔滨、长春四城市的机场是南航在东北的四个分公司基地，还有大多数国内航空公司以及少数国外航空公司在区内运营。

沈阳桃仙国际机场为南航北方公司主基地，深航、春秋航在该机场设分公司基地。还有国航、东航、海航、川航等 10 多家国内航空公司以及日航、全日空、大韩航、韩亚航、汉莎航、西伯利亚航、高丽航等外国航空公司在此运营。目前运营的航空公司约 30 多家。

哈尔滨太平国际机场为南航黑龙江分公司主基地，深航、川航、奥凯在此设立过夜基地。还有国航、东航、海航、山航、厦航、上杭、天津、春秋、华夏 10 多家国内航空公司，以及韩亚航、俄罗斯海参崴航等外国航空公司在此运营。目前运营的公司约 20 多家。

长春龙嘉国际机场为南航吉林分公司的主基地，还有国航、东航、海航、深航、山航、厦航、川航、上航、成都、东海、首都、天津、春秋、吉祥、青岛等 10 多家国内航空公司，以及韩亚航等在此运营。

三、东北区航线特点

（1）航线飞行时间较短。

（2）北方春秋两季风大，飞机在起飞、落地时会颠簸比较严重。

（3）此地区游客多为东北人，性格豪爽、热情。

（4）北方地域寒冷，冬季旅客穿的衣服较多、大件行李较多。

（5）在大连航线上，经常有旅客携带海鲜产品乘机。

第四节　重要旅游景点

一、黑龙江省重要旅游景区

黑龙江省，简称黑，省会是哈尔滨，位于中国东北部，是中国位置最北、纬度最高的省份。中国国土的北端与东端均位于省境。因省境东北有黑龙江而得名。

黑龙江东部和北部以乌苏里江、黑龙江为界河与俄罗斯为邻，西接内蒙古自治区，南连吉林省，面积47.3万平方千米。黑龙江西部属于松嫩平原，东北部为三江平原，北部、东南部为山地，多处平原海拔50～200米。黑龙江是中国重工业基地，工业门类以机械、石油、煤炭、木材和食品工业为主。主要的旅游资源有中央大街、太阳岛公园、镜泊湖、五大连池、亚布力滑雪场、扎龙自然保护区等。

（一）中央大街

中央大街（见图8.3、图8.4）位于具有"东方小巴黎"之称的音乐之都哈尔滨市，始建于1898年，初称"中国大街"，1925年改称为沿袭至今的中央大街，是目前亚洲最大、最长的步行街，被称为"亚洲第一街"，也是哈尔滨市最繁华的商业一条街。

在西方建筑史上历经数百年形成的各类建筑风格汇聚于大街之中，这使得中央大街成为当时东南亚地区最为著名的街道。老哈尔滨的独特建筑文化及哈尔滨人的欧式生活，都在这里明显地体现。最为奇特的是中央大街上铺的石头，铺路用的方块石为花岗岩雕铸，它是长方形条形石，但以纵向冲上铺满。

当地有这样的说法，"没有到过中央大街，就不能说来过哈尔滨。"一百多年来，中央大街不仅是一条老街、步行街，更是建筑艺术博览街，曾被授予"国家人居环境范例最高奖"，是国内罕见的一条建筑艺术长廊。

图 8.3 中央大街

图 8.4 中央大街夜景

【知识拓展】

漠河北极村

有"神州北极"之称的北极村，古风淳朴，静谧清新，景色宜人。每逢夏至，前来观赏"北极光"和"极昼"的游人络绎不绝；中俄大界河——黑龙江起源于漠河，江水晶莹，曲折回环，顺流而下，尽览两岸秀丽景色和异国风光；漠河原始森林繁茂葱郁，山风送爽，林莽飘香，野外探险，篝火野宿尽添大自然神秘的色彩；古老的漠河，历史文化源远流长，清朝、日伪时期的古迹遗址随处可见，尤以慈禧太后的"胭脂沟"和"古黄金之路"闻名于世。

（二）太阳岛公园

哈尔滨太阳岛（见图 8.5）风景名胜区位于黑龙江省南部，坐落在哈尔滨市松花江北岸，东西长约十千米，南北宽约四千米，总面积 38 平方千米。太阳岛是从满语鳊花鱼的音译演变而来，满语对鳊花色有三种叫法：一是普通鳊花称"海花"，二是黑鳊花称"法卢"，还有一种圆鳊花称为"太宜安"，与"太阳"十分相似，即太阳岛的"太阳"是"鳊花鱼"之意。因岛内坡岗全是洁净的细沙，阳光下格外炽热，故称太阳岛。

太阳岛公园不仅是夏季旅游避暑的胜地，也是冬季冰雪旅游的乐园。太阳岛公园里主要游览区有水阁云天、浴日台、太阳岛艺术馆、丁香山、天鹅湖、冰雪艺术馆等。

在冰封雪飘的隆冬季节，这里银装素裹，玉树琼枝，一派北国风光。人们到太阳岛上看冰雕、滑雪橇、乘冰帆、堆雪人等，冰雪游乐活动十分丰富。

图 8.5　太阳岛

（三）镜泊湖

镜泊湖是国家 5A 级旅游景区、世界地质公园、国家重点风景名胜区、国际生态旅游度假避暑胜地、全国文明风景旅游区示范点、中国十佳休闲旅游胜地，也是中国最大、世界第二大火山堰塞湖。

镜泊湖位于黑龙江省宁安市，是由火山爆发、熔岩流堵塞牡丹江河道而形成的。湖泊四面环山、水平如镜，湖水碧绿通透。唐代，满族先民——靺鞨人称镜泊湖为忽汗海，辽称扑燕水，金称必尔腾湖，清初宁古塔流入，以湖水照人如镜而命名为镜泊湖。

镜泊湖国家级风景名胜区由百里长湖景区、火山口原始森林景区、渤海国上京龙泉府遗址景区三部分组成，总体规划面积为 1726 平方千米。该景区以湖光山色为主，兼有火山口地下原始森林、地下熔岩隧道等地质奇观，并具有以唐代渤海国遗址为代表的历史人文景观，是可供科研、避暑、游览、观光、度假和文化交流活动的综合性景区。其中，吊水楼瀑布（见图 8.6）最为著名。

图 8.6　吊水楼瀑布

课堂活动　你最向往的地方是哪里？请你说一说最喜欢的景区，并简要介绍。

【知识拓展】

北大壶滑雪场位于吉林市，是亚洲最大的滑雪场，曾举办过全国冬运会和亚洲冬运会，未来将会申办冬奥会。

二、吉林省重要旅游景区

吉林省简称吉，省会长春市，面积18.74万平方千米，位于中国东北中部，处于日本、俄罗斯、朝鲜、韩国、蒙古与中国东北部组成的东北亚几何中心地带。北接黑龙江省，南接辽宁省，西邻内蒙古自治区，东与俄罗斯接壤，东南部以图们江、鸭绿江为界，与朝鲜民主主义人民共和国隔江相望。东西长650千米，南北宽300千米。东南部高，西北部低，中西部是广阔的平原。

吉林省气候属于温带季风气候。夏季高温多雨，冬季寒冷干燥。吉林是中国重要的工业基地，加工制造业比较发达。

省内主要的旅游资源有伪满皇宫博物院、长春电影制片厂、长影世纪城、净月潭、长白山、松花湖、高句丽王城、王陵及贵族墓葬等。

（一）伪满皇宫博物院

伪满皇宫博物院（见图8.7）位于长春市光复路，是中国清朝末代皇帝爱新觉罗·溥仪充当伪满洲国傀儡皇帝时的宫廷遗址，是中国现存的三大宫廷（北京故宫、沈阳故宫、伪满皇宫）遗址之一。它占地13.7万平方米，宫廷建筑大小数十座，建筑风格可谓中西兼有中日杂陈，具有典型的殖民特色，是日本军国主义武力侵占中国东北、推行法西斯殖民统治的最典型的历史见证。伪满皇宫东部是东北沦陷史陈列馆。

伪满皇宫可分为进行政治活动的外廷和开展日常生活的内廷两部分，现分别辟为伪满皇宫陈列馆和伪满帝宫陈列馆。外廷（皇宫）是溥仪处理政务的场所，内廷（帝宫）是溥仪及其家属日常生活的区域，主要建筑有勤民楼、怀远楼、嘉乐殿，勤民楼是溥仪办公的地方。此外还有花园、假山、养鱼池、游泳池、网球场、高尔夫球场、跑马场以及书画库等其他附属场所。

伪满皇宫博物院是全国重点文物保护单位、全国爱国主义教育示范基地、国家5A级旅游景区、国家一级博物馆。

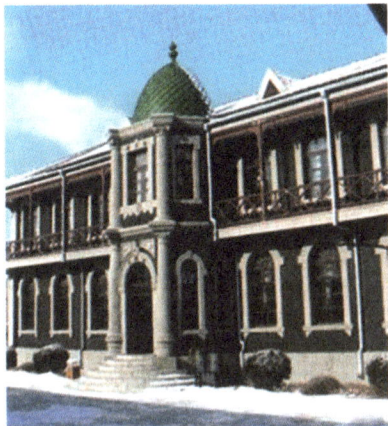

图 8.7 伪满皇宫博物院

（二）长白山

长白山（见图 8.8）景区位于吉林省东南部，东南与朝鲜毗邻，是著名的湖泊、瀑布、林海、温泉风景区，也是国家 5A 级旅游景区。

长白山主峰白云峰因多白色浮石与积雪而得名，素有"千年积雪万年松，直上人间第一峰"的美誉。白云峰海拔 2691 米，是我国东北最高峰，号称"东北第一峰"。白云峰景区是拥有"神山、圣水、奇林、仙果"等盛誉的旅游胜地。

长白山山顶有火口湖——天池，又称白头山天池，是中国和朝鲜的界湖，天池位于著名的长白山十六峰的环抱簇拥之中，背依长白山主峰白头峰，其池水的海拔高度为2192 米，比新疆的天山天池还要高出 200 多米，是中国最高、最深的火山口湖。

图 8.8 白头山天池

长白山瀑布位于长白山天池北侧的天文峰和龙门峰中间的一个缺口，这个缺口就是天池的出水口，被称为"闼门"。天池的水从闼门流出来，在 1250 米处有一断崖，形成落差 68 米的瀑布。瀑布水常年流淌，成为松花江、图们江和鸭绿江三江之源。

长白山不仅风光美丽迷人，而且资源丰富，动植物种类繁多，其中，东北虎（见图 8.9）、梅花鹿、中华秋沙鸭、人参等动植物为国家重点保护的物种，是重要的科研、旅游基地。珍贵药材漫山遍野，故又称"百药之乡"。山中盛产"东北三宝"——人参（见图 8.10）、貂皮（见图 8.11）、鹿茸（见图 8.12）。此景区成为国内外游客的旅游胜地。

图 8.9　东北虎

图 8.10　人参

图 8.11　貂皮

图 8.12　鹿茸

（三）高句丽王城、王陵及贵族墓葬

高句丽（公元前 37 年—公元 668 年），是西汉到隋唐时期东北地区出现的一个有重要影响的边疆民族。位于吉林省集安市的高句丽王城、王陵和贵族墓葬及墓室壁画，是已被历史长河湮没的高句丽所创造的辉煌文明的经典，是世界历史文化遗产。

高句丽王城由平原城与山城相互依附共为都城，包括国内城和丸都山城 1 座王陵、26 座贵族墓葬。洞沟古墓群中以将军坟、太王陵为代表的 14 座大型高句丽王陵及大量的王室贵族壁画墓，从不同侧面反映了高句丽的历史进程，也是高句丽留给人类的弥足珍贵的文化、艺术瑰宝。其中，集安城东北 4 千米龙山脚下悬崖上的将军坟，造型颇似古埃及法老的陵墓，有"东方金字塔"之称。墓体建筑雄伟，造型明快庄严，是高句丽建筑技艺、艺术成就所达高度的一个缩影。

三、辽宁省重要旅游景区

辽宁，简称辽，取辽河流域永远安宁之意而得其名，省会沈阳，位于中国东北地区南部，南临黄海、渤海，东与朝鲜一江之隔，与日本、韩国隔海相望，是东北地区唯一的既沿海又沿边的省份，也是东北及内蒙古自治区东部地区对外开放的门户。辽宁也是中国重要的老工业基地。

地貌划分为三大区：东部山地丘陵区、中部平原区、西部山地丘陵区。辽西渤海沿岸为狭长的海滨平原，成为"辽西走廊"。辽宁历史悠久，自然风光优美，文化古迹别具特色，旅游资源十分丰富。主要的旅游资源有沈阳故宫、盛京三陵、老虎滩、金石滩、大连海滨——旅顺口、鸭绿江风景名胜区等。

（一）沈阳故宫

沈阳故宫（见图 8.13）始建于公元 1625 年，是清朝入关前清太祖努尔哈赤、清太宗皇太极创建的皇宫，又称盛京皇宫，清朝入主中原后改为陪都宫殿和皇帝东巡行宫。沈阳故宫经过多次大规模的修缮，现已辟为沈阳故宫博物院。北京、沈阳两座故宫构成了中国仅存的两大完整的明清皇宫建筑群。

沈阳老城内的大街呈"井"字形，故宫就设在"井"字形大街的中心，占地 6 万平方米，现有古建筑 114 座。沈阳故宫按照建筑布局和建造先后，可以分为 3 个部分：东路为努尔哈赤时期建造的大政殿（见图 8.14）与十王亭；中路为清太宗时期续建的大中阙，包括大清门、崇政殿、凤凰楼以及清宁宫、关雎宫、衍庆宫、启福宫等；西路则是乾隆时期增建的文溯阁等。整座皇宫楼阁林立，殿宇巍峨，雕梁画栋，富丽堂皇。

沈阳故宫博物院不仅是古代宫殿建筑群，还以丰富的珍贵收藏而著称于海内外，故宫内陈列了大量旧皇宫遗留下来的宫廷文物，如努尔哈赤的剑、皇太极的腰刀和鹿角椅等。

图 8.13　沈阳故宫

图 8.14　沈阳故宫大政殿

（二）盛京三陵

盛京，就是今天的沈阳，满语称"谋克敦"，汉译为"兴盛之城"。盛京三陵，指早期的三个清朝皇家陵寝，即永陵、福陵和昭陵，也称东北三陵。

清永陵是清王朝的祖陵，永陵在盛京三陵中规模最小，但却位列三陵之首，是满清皇族的祖陵。陵内葬着努尔哈赤的六世祖猛哥帖木儿、曾祖福满、祖父觉昌安、父亲塔克世及伯父礼敦、叔父塔察篇古以及他们的福晋。清皇室把永陵视为"兆基帝业钦龙兴"

之地，所以终年香火不断。

清福陵，位于沈阳城东，又称"东陵"，是清太祖努尔哈赤及其孝慈高皇后叶赫那拉氏的陵墓，是清朝命名的第一座皇陵。福陵建筑格局因山势形成前低后高之势，南北狭长，从南向北可划分为三部分：大红门外区、神道区、方城宝城区。

清昭陵是清朝第二代开国君主太宗皇太极以及孝端文皇后博尔济吉特氏的陵墓，是清初"关外三陵"中规模最大、结构最完整、气势最宏伟的一座，位于沈阳城北，故也称"北陵"。主体建筑都建在中轴线上，由南至北依次为：神桥、牌楼、正红门、碑亭、隆恩门、隆恩殿、明楼、宝顶。登上宝顶四望，绿树环合，景色清幽，宛若置身于城市山林之中。

（三）老虎滩海洋公园

老虎滩海洋公园（见图 8.15）坐落于辽宁省大连市南部海滨中部，是市区南部最大的景区。它占地面积 118 万平方米，有 4000 余米海岸线，是中国最大的一座现代化海滨游乐场。

老虎滩海洋公园拥有的景点有：亚洲最大的以展示珊瑚礁生物群为主的海洋生物馆——珊瑚馆；我国最大的一处半自然状态的人工鸟笼——鸟语林；主要展示南极、北极的海洋动物的极地馆；将故事情节融入海洋动物表演中的场馆——欢乐剧场；目前亚洲最大的特种电影播放场所——四维影院；主要展示海洋兽类群居生活的场馆——海兽馆，以及化腐朽为神奇的马驷骥根雕艺术馆、让人们感受在海上摇摆和失重的惊险和刺激的海盗村等闻名全国的旅游景点。

图 8.15　老虎滩海洋公园

课堂活动　　沈阳故宫是宫殿建筑的典型代表，但无论是色彩还是建筑形式上，都与北京故宫有着不同的风格。请分组讨论，比较两座宫殿建筑特色的异同。

第五节 风土人情

一、黑龙江省

黑龙江省以寒冷而著称，但这里的人们却不惧怕寒冷。在北风刺骨的数九寒天里，有些人竟不戴帽子在室外长时间地工作或活动。更有趣的是，黑龙江人喜欢在大冬天里吃冰点、滑冰雪。

（一）传统习俗

哈尔滨冰雪节是中国历史上的第一个以冰雪活动为内容的节日，每年1月5日在哈尔滨市举行，一般恰好赶在元宵节前后进行。这时，立春已过，华南大地已春意盎然，而北国哈尔滨依然寒风凛冽，雪花飞舞，原野上一片银装素裹。每年一度的哈尔滨冰雪节就是他们的杰作。冰雕作品（见图8.16、图8.17）随处可见，美不胜收。

民间的冰灯节，是在春节和元宵节期间进行，一般都是将一家一户自制的冰灯摆放到自己的院子里。随着文化娱乐活动的规模逐步扩大，开始在村子的广场或娱乐场所搞冰灯制作比赛活动。这种活动给乡村增加了浓郁的节日气氛。

冰上婚礼是哈尔滨青年人喜爱的一种婚礼形式。冰上婚礼由哈尔滨青年宫主办，集体举行，成为哈尔滨每年一届的冰雪节的组成部分。

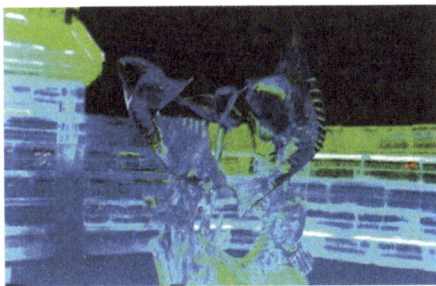

图 8.16 冰雕对鱼

图 8.17 冰雕城堡

（二）特色美食

哈尔滨特色美食以哈尔滨红肠（见图8.18）、哈尔滨啤酒（见图8.19）、五常大米、克东腐乳等最为著名。

哈尔滨红肠原名苏联立陶宛灌肠。这种灌肠传到哈尔滨已有近百年的历史。因为肠的外表呈枣红色，所以被哈尔滨人称之为红肠。生产红肠用的主要原料有肉、肠衣（动物肠衣，以猪或牛的小肠肠衣为最佳）、淀粉（马铃薯淀粉最佳）、大蒜、盐和硝等。

其中有一半是瘦猪肉，大约 1/3 的肥猪肉，有的也加瘦牛肉，其余为淀粉和调料。

哈尔滨啤酒始于 1900 年，由俄罗斯商人创建，它是中国历史上最悠久的啤酒品牌。经过百年的发展，哈尔滨啤酒集团有限公司已经成为国内第五大啤酒酿造企业。在百年的发展历程中，哈尔滨啤酒集团的旗舰品牌"哈尔滨啤酒"始终保持着纯正清爽的口味和干净利落的口感，为一代又一代的啤酒爱好者带来美好的生活享受。如今，"哈尔滨啤酒"已成功延续其经典的口味和出众的品质，成为国内有口皆碑的中高档啤酒品牌。

图 8.18　哈尔滨红肠　　　　图 8.19　哈尔滨啤酒

二、吉林省

（一）传统习俗

吉林省的风俗除了东北大秧歌、二人转、皮影戏、长鼓舞之外，比较普遍的就是吉林"三灯"了。

吉林三灯为冰灯、河灯、彩灯，具体介绍如下所述。

冰灯：吉林市是冰灯的发祥地。并逐渐把冰灯与雕刻、造型、建筑融为一体，发展成一门观赏艺术，成为吉林市冬季装扮城市的一大特色。现已传到了哈尔滨，又远播到京城。

河灯：吉林市燃放河灯的习俗始于清初。将红纸糊成莲花形灯，底部浸蜡，灯芯用蜡烛。每逢重大节日庆典，尤以元宵节燃放居多。届时千万朵莲花灯布满江面，烛光映着绿色的江水，星光闪烁，把松花江装扮成一条从天飘落的银河。

彩灯：吉林市元宵挂灯习俗由来已久。尤其举办"中国吉林雾凇冰雪节"以来，灯会越办越大，越办越多姿多彩，电动、光控、遥控等技术与民间传统艺术相结合，可谓百花齐放，形态万千，最多一次展出彩灯 4000 多盏。

（二）特色美食

吉林省的特色美食有新兴园蒸饺、长春蹄花丝、延吉冷面、长春炒粉等。

新兴园蒸饺（见图 8.20）是吉林省吉林市船营区河南街的特色小吃。新兴园蒸饺久负盛名，迄今已有近70年的历史。饺子外形美观，个头均匀，皮薄发亮、筋道、卤汁多，滋味鲜美，食时配上一碗清汤，很受顾客欢迎。现已列入吉林面点谱。

长春蹄花丝（见图8.21）是吉林省长春市的特色小吃。长春蹄花丝以蹄为主要材料，以烹饪的做法为主。成品蹄花丝棕红透明，筋脆不腻，清香爽口，是理想的佐酒菜。

延吉冷面（见图8.22）是吉林省延边朝鲜族自治州延吉市的特色小吃。延吉冷面是"中国十大面条"之一，是驰名国内外的一种深受人们喜欢的传统民族食品。其中尤以荞麦面冷面为著称。

长春炒粉（见图8.23）是吉林省长春市的特色小吃。长春炒粉历史悠久，可以追溯到100多年前，那时候用淀粉果腹，慢慢流行成特色小吃，用淀粉制作成块，再切成小块，加上秘制汤料和调料，成为当地一大特色。

图 8.20　新兴园蒸饺

图 8.21　长春蹄花丝

图 8.22　延吉冷面

图 8.23　长春炒粉

课堂活动　说一说你喜欢的吉林美食。

三、辽宁省

（一）传统习俗

辽宁省的传统习俗十分丰富，主要有秧歌、二人转、抹愚节、西迁节、满族风俗、锦州风俗、葫芦岛的传说等。

主要介绍一下葫芦岛的传说。葫芦岛是半岛,伸向辽东湾内,因头小尾大,中部稍狭,状如葫芦而得名。该半岛西与秦皇岛港相对,东与营口港遥遥相望,港口朝南,港阔水深,夏避风浪,冬季结冰微薄,是我国北方理想的不冻良港。半岛历史悠久,历尽沧桑。关于这个半岛的来历,还有一段美丽的传说。

很早很早以前,辽东湾有个兴风作浪的妖怪,渔民出海打鱼常常是有去无回。人们对这个妖怪又恨又怕,可光着急没有办法。

有一年春天,铁拐李把自己的宝葫芦籽交给一个叫王生的渔民,并告诉他,当这个宝葫芦长成时,用中指画多大圈,宝葫芦就会变多大,拿着它可以降妖除怪。

王生经过九九八十一天的精心侍弄,葫芦籽果真长出一个溜光的大葫芦来。一天,蛇怪跑到宝葫芦旁,一口将宝葫芦吞下。说时迟,那时快,王生一个箭步冲过去,爬进蛇怪嘴里,一把抓住宝葫芦,把宝葫芦从蛇肚里拽了出来。他举起宝葫芦,"刷"的一声,只觉得脚下无根,耳边生风,宝葫芦带着他腾上空中,接着又翻身落下,正好把大蛇怪压在海底了。这蛇怪尸体太大,有五里长,二里宽,横在海湾上。王生咬破手指,绕着蛇怪用中指画了个大葫芦。顿时,海面风平浪静,海湾出现了一个葫芦形美丽的半岛。

(二)特色美食

辽宁的美食有猪肉炖粉条(见图8.24)、海鲜焖子、抚顺麻辣拌(见图8.25)、马家烧麦(见图8.26)、牛庄馅饼(见图8.27)、西塔大冷面等。

海鲜焖子已经成为大连人具有情结的一道特色小吃。它的原料是淀粉,用特殊的方法制成固体的小块,呈半透明状,把这些小块在平底煎锅里煎熟,稍微有点焦,然后淋上酱油、醋、麻油、香油、芝麻酱等调料,再撒上葱末、蒜末等调味品,一碗热腾腾、香喷喷的"焖子"就做好了。如今,焖子已经渐渐地登堂入室,在一些大酒店可以吃到海鲜焖子或海参焖子等,颇具地方风味。

抚顺麻辣拌是辽宁省抚顺市特产,主要由土豆、海带结、豆皮、丸子、鱼丸、甘蓝、宽粉、茼蒿、白菜、闷子、豆泡、蟹棒、蘑菇等原料组成。跟麻辣烫原料相似,不过是在煮过后沥干水分,加盐、陈醋、糖、花生碎、辣椒、孜然、麻油等拌匀后食用,是抚顺人在引入的麻辣烫基础上发明的,非常受欢迎,有甜酸口味、麻辣口味等。辽宁周边也有相应的麻辣拌出现,不过最正宗的都在抚顺。

牛庄馅饼是泛指辽宁省海城市这一地区传统做工馅饼的一种统称,它从当地老百姓的日常食品中来,以其外皮薄、酥、嫩,内馅种类繁多,口感鲜香著称,在北方的传统美食中占有极其重要的地位。配以蒜泥、辣椒油、芥末糊等蘸食,更加味美适口。

图 8.24　猪肉炖粉条

图 8.25　抚顺麻辣拌

图 8.26　马家烧麦

图 8.27　牛庄馅饼

【思考与练习】

1. 举例说明东北旅游区的旅游资源有哪些特征。

2. 你最向往的东北旅游胜地是哪里？请简要加以介绍。

3. 简要介绍哈尔滨市、长春市、沈阳市的概况。

4. 简要介绍镜泊湖、长白山、沈阳故宫、老虎滩海洋公园等旅游景区。

5. 简要介绍黑龙江省的风景旅游胜地。

6. 简要介绍吉林省的风景旅游胜地。

7. 简要介绍辽宁省的风景旅游胜地。

8. 说一说你最想吃的东北特色美食。

第九章 大漠风情 歌舞新疆

【学习目标】

1. 了解新疆维吾尔自治区地形地貌及气候特征。
2. 熟悉新疆维吾尔自治区机场概况及重要航线。
3. 列举新疆维吾尔自治区的主要旅游景点及风土人情。

新疆古称西域（意为西部疆域），自古以来就是祖国不可分割的一部分。生活在这片土地上的各族人民和睦相处、休戚与共，共同开发、建设、保卫祖国的疆土，创造了灿烂的文化，推动着历史的文明进步。

第一节　区域概述

新疆维吾尔自治区，位于亚欧大陆中部，地处中国西北边陲，总面积166万平方千米，约占全国陆地总面积的1/6；国内与西藏、青海、甘肃等省区相邻，周边依次与蒙古、俄罗斯、哈萨克斯坦、吉尔吉斯斯坦、塔吉克斯坦、阿富汗、巴基斯坦、印度等8个国家接壤；陆地边境线5600多千米，约占全国陆地边境线的1/4，是中国陆地面积最大、交界邻国最多、陆地边境线最长的省级行政区。

新疆是一个多民族聚居的地区，共有55个民族，其中世居民族有维吾尔、汉、哈萨克、回、柯尔克孜、蒙古、塔吉克、锡伯、满、乌孜别克、俄罗斯、达斡尔、塔塔尔等13个。截至2016年末，新疆总人口2398.08万人，其中少数民族约占60%。

新疆的地貌可以概括为"三山夹两盆"：北面是阿尔泰山，南面是昆仑山，天山横贯中部，把新疆分为南北两部分，习惯上称天山以南为南疆，天山以北为北疆。南疆的塔里木盆地是中国最大的内陆盆地；位于塔里木盆地中部的塔克拉玛干沙漠，是中国最大、世界第二大流动沙漠；贯穿塔里木盆地的塔里木河全长2486千米，是中国最长的内陆河。北疆的准噶尔盆地是中国第二大盆地。在天山东部和西部，还有被称为"火洲"的吐鲁番盆地和被誉为"塞外江南"的伊犁谷地。

新疆属于典型的温带大陆性干旱气候，降水稀少、蒸发强烈，年均降水量154.8

毫米。境内山脉融雪形成大小河流 570 多条，冰川储量 2.13 万亿立方米，占全国的 42.7%，有"固体水库"之称。

新疆作为我国向西开放的前沿，与世界各国特别是周边国家的交流与合作不断深化。新疆目前运营机场 18 个，全疆机场累计完成旅客吞吐量、货邮吞吐量、起降架次分别为 2784.6 万人次、18.2 万吨、33 万架次，开通国际国内航线 235 条，与 21 个国家、32 个国际（地区）城市、68 个国内城市通航，是我国拥有民用运输机场最多的省区。乌鲁木齐国际机场被定位为国际航空枢纽，并列入国家"十三五"规划。

第二节　重点城市及机场

通过对本节内容的学习，能够了解新疆维吾尔自治区的重点城市、旅游资源及其机场概况。

一、乌鲁木齐

（一）城市简介

乌鲁木齐是新疆维吾尔自治区首府，全疆政治、经济、文化、科教和交通中心，也是第二座亚欧大陆桥中国西部桥头堡和我国向西开放的重要门户。地处中国西北，天山北麓，准噶尔盆地南缘，毗邻中亚各国，有"亚心之都"之称。全市下辖 7 区 1 县（天山区、沙依巴克区、新市区、水磨沟区、头屯河区、达坂城区、米东区、乌鲁木齐县），总面积 14216 平方千米，其中建成区面积 365.88 平方千米，是世界上最内陆、距离海洋和海岸线最远的大型城市。

（二）空港介绍——乌鲁木齐地窝堡国际机场

乌鲁木齐地窝堡国际机场位于乌鲁木齐市郊西北地窝堡，距市区 16.8 千米，与昆明长水国际机场并列为中国两大国家门户枢纽机场，为国家民用一级机场，是中国国际航空枢纽机场、中国八大区域枢纽机场。原为中苏民用航空机场，后进行规模扩建，现有 T1、T2、T3 三个航站楼。见图 9.1。

图 9.1　乌鲁木齐地窝堡国际机场

乌鲁木齐地窝堡国际机场与中亚、南亚、欧洲空中距离较近，作为打造丝绸之路经济带核心区交通枢纽中心的重要支撑，促进了新疆地区经济社会协调发展，是内地人流、物流进入中亚市场的重要门户，也是西亚、中亚地区货物、客流进入新疆并流向内地的主要通道。构建新疆合理的机场网络体系与航空运输体系，有助于充分发挥民航对新疆社会经济发展的综合服务功能。

二、喀什地区

（一）城市简介

喀什地区地处亚欧大陆中部，中华人民共和国西北部，新疆西南部。喀什地区三面环山，一面敞开，北有天山南脉横卧，西有帕米尔高原耸立，南部是喀喇昆仑山，东部为塔克拉玛干大沙漠。

喀什全称"喀什噶尔"，意为"玉石集中之地"。喀什市是喀什地区行署所在地，是喀什地区的政治、经济、文化中心，也是新疆唯一的中国历史文化名城。

喀什是一个多民族聚居的地区，许多古老民族曾在这里繁衍生息，发展经济、文化。在漫长的社会进程中，各个民族互相协作、互相影响、互相融合，逐渐完成了现代民族的发展进程。

（二）空港介绍——喀什机场

喀什机场位于新疆维吾尔自治区喀什地区喀什市，距离市中心 10 千米，为 4E 级民用运输机场，为新疆第二大空港。见图 9.2。

喀什机场始建于 1953 年，于 1954 年开通乌鲁木齐—库车—阿克苏—喀什航线，先后经过一系列改扩建工程，其基础设施建设日趋完善，成为疆内第二个可以起降大型客机的民用机场，同时也是国内最大的 4E 级支线机场之一，为喀什地区旅游资源开发和经济发展做出了突出贡献。

图 9.2　喀什机场

三、吐鲁番市

（一）城市简介

吐鲁番市位于新疆维吾尔自治区中部，是新丝绸之路和亚欧大陆桥的重要交通枢纽，为乌鲁木齐的门户。兰新铁路、南疆铁路在此交会，与吐鲁番机场、G30 线形成了"公路、铁路、航空"为一体的立体交通运输体系，具有"连接南北、东联西出、西来东去"的区位和便捷交通优势，实现了乌吐区域经济一体化。

吐鲁番市自然条件独特，日照和无霜期长，光热资源丰富，是全国著名的干热区，极端高温达 47.8℃，盆地内干燥少雨。优越的光热条件和独特的气候，为农业、园艺业、有机瓜果蔬菜提供了得天独厚的生长条件，盛产葡萄、哈密瓜、反季节蔬菜等特色经济作物，是名副其实的"瓜果之乡"。

吐鲁番文化积淀深厚，曾是西域政治、经济、文化中心之一。大量文物和史实证明，吐鲁番是世界上影响深远的中国文化、印度文化、希腊文化、伊斯兰文化四大文化体系和萨满教、祆教、佛教、道教、景教、摩尼教、伊斯兰教七大宗教的交融交汇点。

（二）空港介绍——吐鲁番交河机场

吐鲁番交河机场位于吐鲁番市西北郊，距吐鲁番市区约 10 千米，机场建立在我国海拔最低的地方。2016 年 11 月 24 日，经民航新疆管理局审核同意换发了新的机场使用许可证，吐鲁番交河机场飞行区等级由"4D"升级为"4E"，消防救援等级提升为 8 级。吐鲁番交河机场保障能力的提升使其跃入除乌鲁木齐、喀什之后的全疆第三个 4E 级机场。见图 9.3。

图 9.3　吐鲁番交河机场

　　吐鲁番交河机场的投入使用，使本地区充分发挥交通区位优势，进一步提升当地旅游资源和矿产资源优势，加快实施优势资源转换战略，促进吐鲁番地区经济社会全面发展。

　　同时，其距乌鲁木齐市 180 千米左右，是继喀什、伊宁、克拉玛依机场之后，距离乌鲁木齐国际机场最近的主备降机场。它的投入使用将大大缓解乌鲁木齐国际机场受天气影响造成的航班延误等突出矛盾，对增强乌鲁木齐西部门户枢纽机场在中亚和西部地区航空市场主导地位，促进新疆民航事业健康发展意义重大。

四、巴音郭楞蒙古自治州

（一）城市简介

　　巴音郭楞蒙古自治州，简称巴州，"巴音郭楞"为蒙古语音译，意为"富饶的流域"。全州行政区划 47.15 万平方千米，占新疆总面积的 1/4，是中国面积最大的地级行政区，相当于苏浙闽赣四省面积之和。巴州地貌分属天山山脉、塔里木盆地东部和昆仑山、阿尔金山等三个地貌区，基本格局呈"U"字形。

　　巴州旅游资源独具特色，除天山、昆仑山、大漠、大湖、大草原、大戈壁自然景观外，还拥有众多的历史遗迹和著名的人文景观，如铁门关、楼兰古城遗址、锡克沁千佛洞、米兰遗址等，同时，丝绸之路南中两道也均通过巴州。

（二）空港介绍——库尔勒机场

　　库尔勒机场位于巴音郭楞蒙古自治州库尔勒市，为军民合用机场、空军二级机场，也是仅次于乌鲁木齐国际机场的新疆第二大机场。见图 9.4。

图 9.4 库尔勒机场

除此之外，且末机场是位于新疆维吾尔自治区巴音郭楞蒙古自治州且末县的民用支线机场。且末机场位于且末县城北方，距城中心 1.2 千米。目前，南航新疆公司执行乌鲁木齐—库尔勒—且末航班。

五、伊犁哈萨克自治州

（一）城市简介

伊犁哈萨克自治州，简称伊犁，地处新疆维吾尔自治区西部、天山北部的伊犁河谷内，因雨量较充沛被誉为"塞外江南"、"中亚湿岛"。其中，伊宁市是伊犁州的首府，也是我国向西开放的桥头堡。在长期的生产生活中，伊犁逐渐形成了一体多元、融合开放、独具特色的多彩民族文化。

伊犁因伊犁河而得名，因具江南特质而闻名，被古人称为"西来之异境、世外之灵壤"。

（二）空港介绍——伊宁机场

伊宁机场位于伊宁市东北方，距市中心 5 千米，于 1936 年兴建，先后经过六次改扩建。2016 年 12 月 17 日，伊犁河畔的伊宁机场，迎来了历史性的一刻，随着 CZ6826 航班腾空而起，伊宁机场旅客吞吐量首次突破 100 万大关，标志着伊宁机场正式跨入全国中型机场行列，成为全疆第四个百万级支线机场。该机场飞行区等级为 4C，可起降波音 737-800 型以下客机。见图 9.5。

伊宁机场开通的一系列省内航线，将喀什、伊犁、喀纳斯以伊宁机场作为中转站全部连接起来，为新疆旅游输入了更多的客源。

图 9.5　伊宁机场

【知识拓展】

伊宁机场有"三最"

（1）机场周围的绿化带全部种植薰衣草，每逢薰衣草盛开季节，一打开舱门，香味扑面而来，随后一片紫红色薰衣草海洋映入眼帘，故而伊宁机场成为游客心目中最香最美的机场，素有"花园机场"的美誉。

（2）伊宁机场是全国距离市区最近的机场，距离市中心 5 千米，距离北环路不足 800 米。

（3）随着哈密老机场的废弃，伊宁机场成为新疆历史最悠久的机场。

六、石河子市

（一）城市简介

石河子地处新疆天山北麓，准噶尔盆地南缘，东距自治区首府乌鲁木齐 150 千米。交通便利，亚欧大陆桥之兰新铁路西段、连霍高速公路和 115 省道贯穿市区南北两侧，同时拥有新疆两所 211 大学之一的石河子大学。

（二）空港介绍——石河子花园机场

石河子花园机场距离石河子市中心 15 千米，距离乌鲁木齐市 150 千米，是新疆第 18 个民用支线机场、新疆生产建设兵团首个民用机场。见图 9.6。

石河子花园机场的投入使用不仅满足新疆各地州、周边省份的航线需求，还作为距离乌鲁木齐最近的机场，为其提供备降服务。

图 9.6 石河子花园机场

石河子花园机场将与乌鲁木齐国际机场实行错位发展，以高端货物速运为主、以区域客运为辅，力争未来将石河子花园机场建设成为全疆最大的航空物流中转站，最终打造成集货运、通航、客运三位一体、连通中东亚欧的"空中丝绸"之路。

第三节 重要航线及航空公司

一、新疆维吾尔自治区重要航线

（一）喀什—广州航线（KHG—CAN）

喀什机场—广州白云国际机场，航班号 CZ6885，空中飞行距离近 5000 千米，飞行时间为 6 小时 30 分。这是南航专门针对新疆市场推出的一条航线，是我国目前最长的一条国内航线，同时也是国内飞行时间最长的航班。根据航班配置，该航线每天一个往返航班，每周 7 个往返航班，中间技术经停乌鲁木齐地窝堡国际机场。

（二）喀什—和田—阿克苏航线（KHG—HTN—AKU）

此航班由 E190 机型执飞，去程 CZ8562 航班，从喀什机场起飞，经停和田机场，最终抵达阿克苏机场。

阿克苏、喀什、和田均是南疆重镇，三地成"品"字形分布在新疆西南角，相隔都在 500~600 千米之间，毗邻吉尔吉斯斯坦、塔吉克斯坦、巴基斯坦等国家，是我国与中西亚国家之间的贸易要道。航线开通后，每段航程空中飞行时间只需不到 1 小时，可大大缩短出行时间。

此外，新航线将与南航原有的乌鲁木齐—和田、乌鲁木齐—喀什、喀什—伊宁—阿勒泰、喀什—石河子—郑州、喀什—库尔勒—西安等疆内串线和出疆航线形成互补，除继续织密疆内航线网络，方便三地公商务和探亲旅客出行外，环线的开设，将进一步促进三地间贸易往来，增进三地间的经济文化交流，为扶贫攻坚工作的推进架设空中桥梁。

二、新疆维吾尔自治区重要航空公司

乌鲁木齐航空有限责任公司，简称乌鲁木齐航空，总部及运营基地位于乌鲁木齐地窝堡国际机场。乌鲁木齐航空是海航集团旗下的航空公司，2013年11月，经中国民用航空局批准，由海南航空与乌鲁木齐市政府共同投资组建。2014年8月29日首飞伊宁，标志着乌鲁木齐航空正式运营。乌鲁木齐航空是新疆目前唯一一家本土航空公司，以"安全、快捷、贴心"为服务理念。

截至2018年9月，乌鲁木齐航空运营14架波音737-800型客机，1架E-190型客机。经营范围主要有航空客货运输、航空公司间代理、航空器材维修、航空器材进出口、航空配餐服务等。现乌鲁木齐航空已通航33个城市，累计安全飞行10万余小时，安全运输旅客逾600万人次，2015—2017年连续三年航班正常率位列新疆地区主要航空公司第一名，基本形成了以乌鲁木齐国际机场为中心、辐射国内主要城市的航线网络架构。首条国际航线乌鲁木齐—伊尔库茨克于2018年6月27日首航，第二条国际航线正在积极筹备中。

未来，乌鲁木齐航空将积极响应国家"一带一路"倡议和十九大报告精神，加快飞机引进速度，加大在新疆区域的运力投放，逐步开通飞往中亚、西亚、南亚和欧洲的国际航线，形成"疆内成网、东西成扇、干支结合、连通欧亚"的航线网络布局，促进边疆发展。打造丝绸之路经济带上最具特色的航空综合服务运营商，搭建亚欧人民的经济文化交流的空中桥梁。

乌鲁木齐航空的企业标识融入了新疆艾德莱丝绸与飞翔的和平鸽两种元素，三色相融，表示古丝绸之路有三条路线经过新疆，诠释了新疆地区的历史文化特征，同时，三条丝绸环绕相融也体现了乌鲁木齐航空与新疆当地文化的交融与沟通；由丝绸组成的和平鸽造型，则寓意了"和平友好"这一概念，象征着民族团结与共同发展。LOGO的标志色彩来源于新疆艾德莱丝绸中的元素，以金黄、紫红及绿色为主色调，分别代表吉祥、欢乐、生长之意，强烈地传达了新疆地区的地域文化精神。见图9.7。

图9.7　乌鲁木齐航空的企业标识

三、新疆维吾尔自治区航线特点

（1）乌鲁木齐已被南航定位为继广州、北京之后的全国第三大航空枢纽，这对新疆民航事业的持续快速发展起到了积极的推动作用。

（2）依托改革开放四十周年的发展契机，南航新疆紧抓"一带一路"战略机遇，精心布局航线网络，沿古丝绸之路，逐渐形成以新疆为丝路中段核心，连接东西、覆盖全疆的网络格局。

（3）由乌鲁木齐向西出发，南至巴基斯坦，西及德黑兰，北抵莫斯科、第比利斯，打造了一个以乌鲁木齐为中心的"东西成扇，疆内成网，依托疆内，辐射全国，向西连接中西亚、中东和欧洲，向东连接日韩港台，向南通过广州之路中转澳新、东南亚及北美"的航空枢纽网络。

第四节　重要旅游景点

一、天山天池

天山天池，古称"瑶池"，为世界自然遗产、国家 5A 级旅游景区。地处新疆维吾尔自治区昌吉回族自治州境内，是以高山湖泊为中心的自然风景区，距乌鲁木齐市97 千米，是我国西北干旱地区典型的山岳型自然景观。见图 9.8。

图 9.8　晚秋天池

天池自然保护区可分为大天池北坡游览区、大天池游览区、十万罗汉涅槃木山游览区、娘娘庙游览区和博格达峰北坡游览区，每区八景，五区四十景。同时，天山天池具有包括排名世界前列的第四纪高山冰渍湖等五个方面的世界级特征。

【知识拓展】

夜观天灯

相传，南北朝时菩提达摩自印度来中国传播禅法。他曾在天池东岸一个山洞里"面壁坐禅"，此洞后称"达摩禅洞"。人们为了纪念他所传的禅法，就在"达摩禅洞"对面的一座山上立一松杆，上挂"天灯"，寓意为释迦牟尼的禅法是"黑暗中的一盏明灯"，禅灯山因此得名，又名"灯杆山"。过去，只要这盏"天灯"不灭，附近百姓心中便会安宁。

鳄鱼吐珠（地名为"东小天池源头瀑布"）

天池北岸是一座巨大的天然堤坝，由古冰川终碛垄及山体崩落物叠加堆积而成，高289米，整个大坝似一条鳄鱼尾巴，故称"鳄鱼坝"。大坝东侧建有人工水闸，名"鳄鱼闸"。天池水下泻，形成一条10来米高的瀑布，称"鳄鱼吐珠"，水溅"黑龙峡谷地"，汇成山涧溪流，北流不远形成一潭，即东小天池。

"鳄鱼吐珠"、"冰潭银帘"和"悬泉飞瀑"合称"天池三瀑"。

二、喀纳斯

喀纳斯是蒙古语，意为"美丽富饶、神秘莫测"，景区位于中国新疆西北边境中、俄、哈、蒙四国交界处，地处阿尔泰山南麓，布尔津县北部，因其独特的地理位置和有利的地形，降水较为充沛，河流补给充足稳定。喀纳斯湖是最典型的第四纪冰川作用形成的冰碛堰塞湖，水来自奎屯、友谊峰等山的冰川融水和当地降水。见图9.9。

喀纳斯素有"人类净土"之美誉，是阿尔泰山地综合自然景观美的典型代表。

图9.9 喀纳斯风光

【知识拓展】

神仙湾

神仙湾由河湾与一片河心滩组成，河水将森林和草地切分成块块似连似断的小岛，人称神仙湾。神仙湾在阳光照射下河水流光溢彩，云雾缭绕、如梦如幻，使人看了如临仙境一般（见图9.10）。

图 9.10　喀纳斯神仙湾秋色

图瓦部落

喀纳斯是中国图瓦人唯一的聚居地，禾木村是仅存的3个图瓦人村落（禾木村、喀纳斯村和白哈巴村）中最远和最大的村庄，总面积3040平方千米。这里的房子全由原木搭成，充满了原始的味道。禾木村最出名的就是万山红遍的醉人秋色，炊烟在秋色中冉冉升起，形成一条梦幻般的烟雾带，胜似仙境（见图9.11）。

图 9.11　喀纳斯图瓦人村落

三、吐鲁番葡萄沟

作为国家历史文化名城，吐鲁番是古丝绸之路上的重镇，是中国、印度、伊斯兰、希腊罗马四大文明体系的交汇点，堪称"丝路文化博物馆"、"绿洲生态博览园"，素有"瓜果之乡"的美誉。

葡萄沟位于吐鲁番市东北13千米的火焰山峡谷中，为国家5A级景区。景区内主要有葡萄沟游乐园、西部酒城、达瓦孜民俗风情园、世界大馕坑、王洛宾音乐艺术馆和阿凡提风情园等景点。见图9.12。

图9.12 葡萄沟

【知识拓展】

达瓦孜民俗风情园

达瓦孜民俗风情园是葡萄沟最具娱乐性的景点，园内生长着100余种葡萄，葡萄架下、桑树林间错落着反映吐鲁番本土文化和西域风情的多组主题建筑群，有达瓦孜文化广场、西洲可汗堡、世界葡萄文化长廊、维吾尔民俗陈列馆、维吾尔主题民居等（见图9.13）。

图9.13 达瓦孜民俗风情园土城堡

世界大馕坑

世界大馕坑于 2003 年 10 月建成，是迄今为止全世界可经考证的最大的馕坑，也是目前世界上最庞大的民族饮食用具。馕坑取火焰山黏土，配以牛羊毛发、秸秆，按照维吾尔民间馕坑建筑结构并结合现代建筑工艺建设而成，可供上百人同时就餐。

阿凡提风情园

阿凡提风情园是沟内最具主题文化风格的游览地之一。园内杏树成林，桑树遮日，不仅是具有新疆民族特色的观光游乐园，同时也是深为新疆各族人民喜爱的艺术形象——阿凡提的主题文化传播基地（见图 9.14）。

图 9.14　阿凡提雕塑

四、火焰山

火焰山位于吐鲁番市东北 10 千米处，东西走向，东起鄯善县兰干流沙河，西止吐鲁番桃儿沟，主要由中生代的侏罗纪、白垩纪与第三纪的赤红色砂、砾岩和泥岩组成。2012 年，火焰山景区以全国第 4 名的成绩正式入围第六批国家地质公园行列。景区分为地下景观和地面景观两部分。见图 9.15。

图 9.15　火焰山

五、轮台塔里木胡杨林

塔里木胡杨林国家森林公园总面积 100 平方千米，位于塔克拉玛干沙漠东北边缘的塔里木河中游、巴州轮台县城南沙漠公路 70 千米处。

塔里木胡杨林集塔河自然景观、胡杨景观、沙漠景观为一体，是世界上胡杨林分布最为集中、保存最完整、最具代表性的地区，是全球胡杨林生态系统的突出代表。胡杨林是公元三世纪残余的古老树种，是一种因沙化后而转化的植物，其珍贵的程度与银杏齐名，具有极强的生命力，有"活化石"之称。见图 9.16。

图 9.16　塔里木胡杨林

第五节　风土人情

一、传统习俗

（一）肉孜节

肉孜节在封斋一个月以后开斋的那一天举行，因此，也叫"开斋节"。

伊斯兰教规定，成年的教徒每年都要封斋一个月。封斋期间，只在日出前和日落后进餐。白天绝对禁止任何饮食。一个月斋期满后，教徒聚集礼拜寺做礼拜，然后开始热闹的节日活动，家家户户都备有丰盛的节日食品，并且互相登门贺节，男女老少都出来游玩，这个节日一般要过 3 天。见图 9.17。

图 9.17　肉孜节活动盛况

（二）古尔邦节

古尔邦节与肉孜节（开斋节）、圣纪并列为伊斯兰三大宗教节日。"古尔邦"在阿拉伯语中称作尔德·古尔邦，或称为尔德·阿祖哈。"尔德"是节日的意思。"古尔邦"和"阿祖哈"都含有"牺牲"、"献身"的意思，所以一般把这个节日叫作"牺牲节"或"宰牲节"。见图 9.18。

图 9.18　欢度古尔邦节

（三）白雪节

白雪节是在每年第一次降雪时举行的娱乐活动。当下过初雪之后，几个朋友经过商量，联名写封雪礼信，信中首先以初雪的降临祝贺收信人全家平安，然后要求收信者以白雪节的习惯举行一次娱乐晚会，并提出晚会活动的内容，请其中一个人直接送至收信人家中。送信人要悄悄把信放在主人不易发现的地方。在送信人离开之前，如主人没有发现，就要按信上要求举行初雪晚会。如果送信人当场被抓住，初雪晚会就要在送信人家中举行。晚会内容包括朗诵诗、唱歌、跳舞、音乐演奏等。

（四）动植物崇拜

狼图腾，是古代维吾尔族人图腾崇拜的一种。在维吾尔古典文学作品和民间传说中，狼被视为能给人以生机、维护安宁、驱邪降福的吉祥物，是人们的护身符和民族的守护神，失去了往日的凶残，成为善良惩恶的动物。

古代维吾尔族人以植物为衣食来源之一，视它们为"神圣"的。特别是对树木更为崇拜，把它们看作自己民族的始祖。在现代维吾尔族人中，仍然存在着崇拜树木及其他植物的遗俗。如院里、田边、路边的独树，特别是老树，不允许砍伐；人患了病，或妇女不孕，或有其他什么祈求，在某些"圣树"上挂各色布条，以求吉祥；对农作物，特别是粮食、面食品尤为崇敬，不许踩踏；用布片包上植物的茎叶、籽儿，做成符绦，念几句咒语，挂在小孩的脖子上或腋下、或摇篮上，以祛除病，等等。

除此之外，维吾尔族人至今把咸盐视为圣物，加以尊敬，求其保佑。这不仅是因为它在生活中不可缺少，更重要的是维吾尔族人深信盐具有一种超自然的、与人们的命运处处相关的神力。维吾尔族人生活中许多习俗禁忌都与此信仰有关，如让新结婚的新郎和新娘各吃一块在盐水里蘸过的馕以表示同甘共苦、永结良缘，人们发誓言时常说"以盐为证"等。

（五）哈密鸡舞

哈密鸡舞是在天蓝草绿、树茂果甜的时候表演，善于感受生活之美的哈密人就会聚在草地上和果园里弹琴、唱歌、跳舞。鸡舞开始，一女性饰母鸡，一男性饰公鸡，相互逗引，妙趣横生。无论表演者还是欣赏者，在欢笑中将生活的阴郁一扫而光，代之以对生活的欣赏与热爱。任何人都可以加入舞蹈，或扮演老鹰，或扮演乌鸦、老猫，或扮演小鸡、小虫，表演内容丰富多彩。

哈密维吾尔族人在历史上曾被称为高昌回鹘，有独具特色的文化遗存。至今哈密维吾尔族人仍保留着高昌回鹘人的鸡崇拜，视鸡为具有神力的瑞物。

二、特色美食

（一）手抓羊肉

手抓羊肉是新疆哈萨克族、蒙古族、维吾尔族、柯尔克孜族和塔吉克族等民族都喜爱的美食。无论走进蒙古包还是毡房，主人都会用手抓羊肉来款待客人，而拒绝吃肉会被认为是看不起主人的表现。这种古朴独特且带有原始风趣的待客方式，展现着新疆各族人民的热情。见图9.19。

图 9.19　新疆手抓羊肉

（二）烤全羊

烤全羊是新疆最名贵的菜肴之一，它可与北京烤鸭、广州脆皮乳猪相媲美。高级筵席中，如果有烤全羊餐车出现在宾客们中间，整台筵席将顿时生辉，显得格外豪华阔绰，为饮宴增添了异常丰富的色彩。新疆羊肉质地鲜嫩无膻味，在国际国内肉食市场上享有盛誉。烤全羊色泽黄亮、皮脆肉嫩，是维吾尔族人民招待贵宾的佳品。见图 9.20。

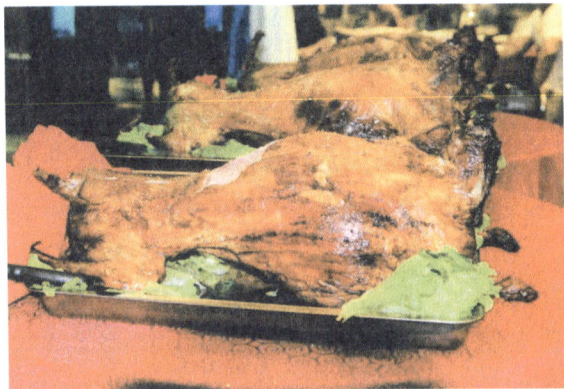

图 9.20　烤全羊

（三）馕

"馕"是维吾尔语，即烤面饼，是维尔族人的主要面食（见图 9.21）。馕这种新疆独有的美食已有千年历史，古代称为"胡饼"、"炉饼"。馕的品种大约有五十多种，常见的有肉馕、油馕、窝窝馕、芝麻馕、片馕、希尔曼馕，等等。维吾尔族有句名言："可以一日无菜，但决不可以一日无馕。"可见馕在维吾尔族人的生活中占据着重要的地位。

馕所含水分很少，据说放一个月都不坏、不变色变味，又便于携带，特别适合新疆干燥的气候。

图 9.21　馕

【思考与练习】

1. 请描述新疆维吾尔自治区的自然地理特征。

2. 列举新疆维吾尔自治区的主要机场、所在城市及其地理意义。

3. 新疆地处我国西北边陲，说一说与其接壤的都有哪几个国家？

4. 新疆著名的旅游景点都有哪些？请简要介绍。

5. 请介绍你最感兴趣的新疆某种风俗习惯。

第十章　中西交汇 传承港澳台

港澳台三地位于中国东南沿海，地处我国热带和亚热带，气候温暖湿润，自然资源丰富，经济发达，兼有众多的人文古迹，是一个颇具文化特色的旅游区。

第一节　区域概述

"港澳台"是对中国香港特别行政区、中国澳门特别行政区和中国台湾地区的统称。

一、自然地理环境

香港和澳门同属亚热带气候，同时带有温带气候特性，夏季炎热潮湿，冬季干燥。台湾气候冬季温暖，夏季炎热，雨量充沛，夏秋多台风暴雨，北回归线穿过台湾岛中部，北部为亚热带气候，南部为热带气候。年平均气温22℃。地形上，香港地势高峻，山峦陡峭；台湾岛多高山丘陵，中央山脉纵贯南北，玉山海拔3952米，是我国东部最高峰。

二、人文地理环境

三者在政治、经济和文化体制上等方面有诸多类似之处。在文化上，香港和台湾的娱乐业较为发达，两地区的音乐、影视和演艺事业的高度发达为本地区的经济发展注入了强大动力。与此同时，港澳台地区皆沿用繁体汉字。在生活方式上，香港的风俗习惯与近邻的广东相近；台湾则与海峡西岸的福建相似。不同的是，香港和澳门欧美色彩浓厚；而台湾社会和城市则有十足的中国味道。

该区域地理位置优越，香港是东西方和东亚、东南亚地区海空交通要塞与运输枢纽。澳门凭借自由港地位、中西结合的文化和市井风情以及邻近香港的客源市场优势，已发展成为一座颇有影响的旅游城市。台湾的重要地缘意义在于它扼西太平洋南北航线之要冲，既是亚欧大陆东入太平洋的桥头堡，也是从海洋西进亚欧大陆的跳板与基地。

课堂活动 通过学习本部分内容，简要说一说你对港澳台旅游区的印象。

第二节　重点城市及机场

港澳台独特的地理优势、别具一格的历史人文等构成了本区域特殊的旅游资源，同时也在全国航空旅游业中占有重要地位。

一、香港特别行政区

（一）城市简介

香港，简称港，全称为中华人民共和国香港特别行政区，地处中国华南地区、珠江口以东，南海沿岸，北接广东省深圳市，西接珠江，与澳门特别行政区、珠海市以及中山市隔着珠江口相望。见图 10.1。

图 10.1　香港的夜晚

香港是一座高度繁荣的国际大都市，区域范围包括香港岛、九龙、新界和周围 262 个岛屿，管辖陆地总面积 1106.34 平方千米，海域面积 1648.69 平方千米。截至 2017 年末，总人口约 740.98 万人，是世界上人口密度最高的地区之一。1997 年 7 月 1 日，中国政府对香港恢复行使主权，香港特别行政区成立。中央拥有对香港的全面管治权，香港保持原有的资本主义制度和生活方式，并可享受外交及国防以外所有事务的高度自治权。"一国两制"、"港人治港"、高度自治是中国政府的基本国策。

香港与纽约、伦敦并称为"纽伦港"，是全球第三大金融中心，重要的国际金融、贸易、航运中心和国际创新科技中心，也是全球最自由的经济体和最具竞争力城市之一。

（二）空港介绍——香港国际机场

香港国际机场（ICAO 代码：VHHH；IATA 代码：HKG），俗称赤鱲角机场，是位于中国香港特别行政区新界大屿山赤鱲角角的一座国际机场，距离市区 34 千米，由香港机场管理局运营管理，为香港及其周边地区提供航空服务。见图 10.2。

它是香港现今唯一的民航机场，也是全世界最大机场之一，是国泰航空、港龙航空、华民航空、香港航空及香港快运航空的枢纽机场，同时为寰宇一家的其中一个枢纽机场。香港国际机场是通往中国内地的门户，为迎合不断上升的需求，机场会继续加强与内地的综合多式联运网络，尤其是与珠三角的联系。

香港国际机场是世界上最繁忙的货运枢纽，也是全球最繁忙的客运机场之一。从香港国际机场出发，可于 5 小时内飞抵全球半数人口居住地。2015 年，香港国际机场的总客运量达 6850 万人次，总航空货运量共 438 万吨。机场连接全球约 190 个航点，包括 50 个内地城市。超过 100 家航空公司在机场营运，每天提供约 100 班航班。客运量位居全球第五位，货运量多年高居全球首位。

香港国际机场拥有两座客运大楼及两条跑道，为香港带来巨大的社会及经济价值，巩固了香港在国际及区域的主要航空物流中心地位。为应对机场的长远需求增长，机场管理局正计划扩建成为拥有三条跑道的世界级顶级机场。

香港国际机场曾在十二年内被英国航空评级机构 Skytrax 八度评为全球最佳机场。2018 年 5 月，香港国际机场再次荣登"世界十佳机场"榜首。

图 10.2　香港国际机场

二、澳门特别行政区

（一）城市简介

澳门特别行政区位于广东珠江之西，处于香港西南方约 60 千米，是中国进出海洋的重要门户之一。澳门由澳门半岛、氹仔岛和路环岛三部分组成，陆地面积32.8平方千米，截至 2018 年 3 月，总人口约 65.6 万人。见图 10.3。

图 10.3　澳门风光

澳门自古就是我国领土，明时属于广东香山县。1553 年，葡萄牙殖民者借口曝晒水渍货物，强行上岸租占。鸦片战争发生后，葡萄牙殖民者于 1887 年进行强占，中国政府于 1999 年 12 月 20 日对澳门恢复行使主权。

澳门是一个国际自由港，是世界人口密度最高的地区之一，也是世界四大赌城之一，实行资本主义制度。其著名的轻工业、旅游业、酒店业和娱乐场使澳门长盛不衰，成为全球发达、富裕的地区之一。2017 年 10 月 31 日，联合国教科文组织将澳门列入全球美食文化创意城市网络。2018 年 9 月，澳门荣获"2018 中欧绿色智慧城市奖"。

（二）空港介绍——澳门国际机场

澳门国际机场（ICAO 代码：VMMC；IATA 代码：MFM）是位于中国澳门特别行政区氹仔岛上的一座民用机场，距离市区约 10 千米，由澳门国际机场专营股份有限公司运营管理，为澳门提供航空服务。它是澳门特区仅有的一座机场，同时也是继日本大阪关西机场之后，全球第二个、中国第一个完全由填海造陆而建成的机场。见图 10.4。

澳门国际机场于 1995 年 11 月正式建成通航，海拔高度 6 米（20 英尺），跑道长3360 米、宽 45 米，配备二类仪表着陆系统。机场客运航站楼占地 45000 平方米，设 4个登机廊桥，每小时最高可处理单向 2000 人次流量，每年可接待旅客 600 万人次。停机坪能停靠 6 架波音 747 和 10 架麦道 MD-11 飞机，货运站货容量达 12 万吨，检修机库可供波音 747-8 型飞机进库检修，另外还建有 600 个车位的多层立体停车场。此外，澳门国际机场还设有货运设施，占地 8000 平方米的有盖储存仓库 24 小时运作。

澳门国际机场专营股份有限公司（CAM）是一家私营机构，成立于 1989 年 1 月 18 日，注册资本为澳门元 40 亿，于 2012 年进行增资后，现今资本为澳门元 49.6 亿。它是澳门国际机场的承建商及业权人，由澳门特区政府委任为澳门国际机场的经营者，获授 25 年的专营合约，负责机场的兴建和营运。2001 年 3 月获特区政府延长经营权至 2039 年，主要负责机场发展、财务安排及市场拓展和推广。

图 10.4　澳门国际机场

三、台北市

（一）城市简介

台北市位于台湾岛北部的台北盆地，被新北市环绕，西界淡水河及其支流新店溪，东至南港附近，南至木栅以南丘陵区，北包大屯山东南麓。

台北是台湾省政治、经济、文化、旅游、工业、商业与传播中心，人口密度居台湾省第一位，人均 GDP 为 19.682 万元人民币，位列台湾省第一位。

台北历史悠久，历史遗迹众多，于旧石器时代晚期即有人类居住。1875 年（清光绪元年），钦差大臣沈葆桢在此建立台北府，意为台湾之北，从此有"台北"之名，统管台湾军民政务，从此逐渐成为台湾省的政治中心。

台北市是中国台湾地区学术研究中心，国家级研究重镇的"中央研究院"即坐落于南港区。另外还有专门典藏国家图书与汉学研究中心的"国家图书馆"、"中央研究院"各研究所图书馆、台北市立图书馆与各大专院校图书馆，诸如台湾大学总图书馆、台湾师范大学图书馆、政治大学图书馆均有丰富馆藏。

（二）空港介绍——台湾桃园国际机场

台北桃园国际机场（ICAO 代码：RCTP；IATA 代码：TPE）也就是中正国际机场、中正国际航空站，简称桃园机场，为 4F 级，位于台湾桃园市大园区，是台北市的主机场，也是台湾地区境内最大最繁忙的机场。桃园机场与台北市相距约 40 千米，中间有高速公路相连，需要约 40 分钟的车程能抵达。见图 10.5。

桃园机场共有两条跑道；客机坪停机位 22 个，接驳机坪停机位 8 个，货机坪停机位 15 个，修护机坪停机位 20 个。

图 10.5　台湾桃园国际机场

台北松山机场位于中国台湾省台北市松山区，别称松山机场、台北机场，为 4E 级军民两用机场，于 1936 年 4 月建成。见图 10.6。

图 10.6　台北松山机场

高雄小港国际机场是位于台湾省高雄市小港区的一座中型民用机场，又因其坐落位置而别称为小港机场或高雄小港机场，为南台湾的主要联外国际机场、国际客运出入吞吐地，也是台湾第二大国际机场，总面积为 2.44 平方千米，场区紧邻高雄市区，亦是台湾第一个设有机场铁路的民用机场。

第三节　重要航线及航空公司

一、港澳台重要航线

（一）香港—上海（HKG—PVG）

香港国际机场—上海浦东国际机场，航班号是 MU726，飞行距离 1244 千米，全程飞行 2 小时 10 分钟，途经广东、福建和浙江三省，飞越武夷山脉。

（二）台北—北京（TPE—PEK）

台北桃园国际机场—北京首都国际机场，航班号 CA190，全程飞行距离 1728 千米，飞行时间近 3 小时，途经浙江、山东、河北等省份，跨越长江、黄河。

二、港澳台重要航空公司

香港航空有限公司，简称香港航空，成立于 2006 年，从地面营运到机舱服务，公司致力于以独特的香港魅力提供卓越的客户体验。香港航空追求优质服务的精神备受业界表彰，自 2011 年起荣获国际知名 Skytrax 四星级评级。

香港航空不断扩大的航线网络广泛覆盖亚太及北美地区接近 40 个主要城市，分别与多家航空和渡轮服务公司签订 85 个联程协议及 20 个代码共享，为客户提供更多的选择和便利。

香港航空由区域性公司转型至全球航空企业之际，继续拥抱其根深蒂固的香港精神。香港航空的标志便由香港市花洋紫荆形象演化而来，同时如"香港品牌"般印在所有香港航空之机身上。如图 10.7 所示。

图 10.7　香港航空标识

香港航空目前以空中巴士运营，机队包括 38 架客机。香港航空拥有全球最年轻的机队之一，目前平均机龄只有约 5 年。随着 2017 年 9 月首架空客 A350 客机抵港，共 21 架空客 A350 客机陆续加入机队。

三、港澳台区域航线特点

（1）港澳台地区的航线是国内航线的组成部分，又是联系国际航线的重要桥梁。

（2）航线以香港为中心向内地几十个大中城市辐射。它对于我国改革开放政策的实施，香港的稳定与繁荣，国内人民与海外侨胞之间的政治、经济、文化联系起着特殊的重要作用。

（3）香港回归之后，香港与内地的联系更加紧密，贸易额迅速上升，旅游者不断增多，各种往来频繁，在中国航空运输中的作用将进一步加强。

第四节　重要旅游景点

一、香港重点旅游景区

（一）香港迪士尼乐园

香港迪士尼乐园位于香港新界大屿山，是全球第 5 座、亚洲第 2 座、中国第 1 座迪士尼乐园。见图 10.8。

乐园分为 7 个主题园区，分别为：美国小镇大街、探险世界、幻想世界、明日世界、玩具总动员大本营、灰熊山谷及迷离庄园，其中灰熊山谷和迷离庄园为全球独有。

图 10.8　香港迪士尼乐园

（二）香港海洋公园

香港海洋公园位于香港岛南区黄竹坑，占地超过 91.5 公顷，是一座集海陆动物、机动游戏和大型表演于一身的世界级主题公园，也是全球最受欢迎、入场人次最高的主题公园。见图 10.9。

公园依山而建，分为"高峰乐园"及"海滨乐园"两大主要景区，以登山缆车和海洋列车连接。2012 年，香港海洋公园获得国际游乐园及景点协会博览会颁发的顶尖荣誉大奖——"2012 Applause Award"（全球最佳主题公园），成为亚洲首家获得此项殊荣的主题公园。

图 10.9　香港海洋公园

（三）宝莲禅寺——天坛大佛

天坛大佛是全球最高的户外青铜坐佛，巍峨趺坐于海拔 482 米的香港大屿山木鱼峰上。这尊由宝莲禅寺筹建，历时 12 年落成的庄严宏伟大佛，寓意香港稳定繁荣，国泰民安，世界和平。见图 10.10。

天坛大佛是香港重要的地标，吸引众多中外信徒和游客前来朝拜参观。天坛大佛除了是一项杰出的工程外，更是近代佛教造像艺术的优异成就、人类珍贵的文化遗产。天坛大佛由中国航天科技部设计和制作。

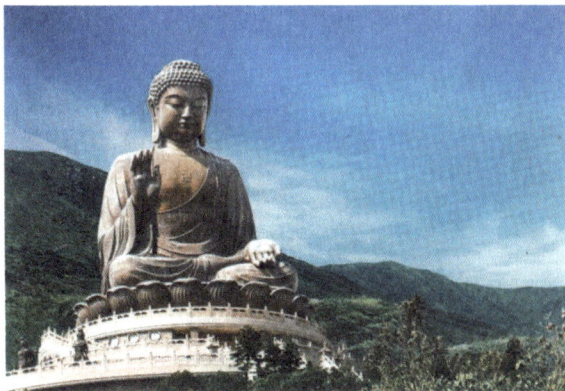

图 10.10　天坛大佛

（四）维多利亚公园

维多利亚公园位于铜锣湾之填海区上，南背渣甸山，北隔维园道与铜锣湾避风塘毗邻，是香港最大的公园，建于 1955 年，公园南面的入门处矗立着维多利亚女王铜像，以英国维多利亚女王命名。见图 10.11。

每逢周日正午，公园内举行颇有特色的时事辩论会——城市论坛。这里绿草茵茵，树木成荫。公园内有足球场、篮球场、网球场、溜冰场、草地滚球场、游泳池、儿童游乐场和公众休憩区。

图 10.11　维多利亚公园夜景

二、澳门重要旅游景区

（一）威尼斯人度假村

澳门威尼斯人度假村酒店以意大利威尼斯水乡以及著名雕像为建筑特色，并参考著名的拉斯维加斯威尼斯人度假村酒店作为设计蓝本，是一座超级大型的度假式酒店。坊间常俗称为澳门威尼斯人度假村。见图 10.12。

酒店以威尼斯水乡为主题，酒店内是充满威尼斯特色的拱桥、小运河及石板路。

图 10.12　澳门威尼斯人度假村酒店

（二）大三巴牌坊

圣保禄大教堂遗址，一般称为大三巴牌坊，是澳门天主之母教堂正面前壁的遗址。

大三巴牌坊是澳门的标志性建筑物之一，同时也为"澳门八景"之一。2005 年与澳门城区的其他历史文物成为联合国世界文化遗产。见图 10.13。

图 10.13　大三巴牌坊

（三）妈祖阁

妈祖阁坐落在澳门半岛的西南面，沿岸修建，背山面海，石狮镇门，飞檐凌空，是澳门的三大禅院之一，也是澳门最著名的名胜古迹之一，初建于明弘治元年。见图10.14。

妈祖阁，俗称天后庙，主要建筑有大殿、弘仁殿、观音阁等殿堂。庙内主要供奉道教女仙妈祖，又称"天后娘娘"、"天妃娘娘"，人称能预言吉凶，常于海上帮助商人和渔人化险为夷，消灾解难，于是福建人与当地人商议在现址立庙祀奉。

2005 年 7 月 15 日，在南非德班市举行的第 29 届世界遗产委员会会议上，包括妈阁庙前地在内的澳门历史城区被列入《世界遗产名录》。

图 10.14　妈祖阁

（四）国父纪念馆

澳门国父纪念馆位于澳门文第士街，建于 1918 年，是为了纪念中国近代民族民主主义革命的开拓者、中国民主革命伟大先行者孙中山先生。见图 10.15。

整个国父纪念馆渗透着一种庄严、高雅的气息，在馆内左侧有一个小花园，矗立着一尊孙中山先生的全身铜像及"天下为公"四个大字，馆内保存有孙中山先生的很多真迹和生前珍贵照片。

澳门国父纪念馆于 1958 年正式更名为"国父纪念馆"，馆前的匾额为于右任先生亲笔题字。

图 10.15　国父纪念馆

三、台湾省重要旅游景区

（一）台北故宫博物院

台北故宫博物院，又称台北故宫、中山博物院，坐落于台湾省台北市士林区至善路二段 221 号，建造于 1962 年，1965 年夏落成，整座建筑庄重典雅，富有中华民族特色，是中国大型综合性博物馆、中国三大博物馆之一，也是研究古代中国艺术史和汉学重镇，为台湾省规模最大的博物馆。见图 10.16。

图 10.16　台北故宫博物院

（二）日月潭

日月潭位于台湾省阿里山以北，湖面海拔 748 米，最大水深 27 米，湖周长约 37 千米，是台湾外来种生物最多的淡水湖泊之一。它以光华岛为界，北半湖形状如圆日，南半湖形状如弯月。见图 10.17。

2009 年，日月潭入选世界纪录协会"台湾最大的天然淡水湖"，在清朝时即被选为台湾八大景之一，有"海外别一洞天"之称。

图 10.17　日月潭

（三）阿里山

阿里山位于台湾省嘉义市，地处海拔高度为 2216 米，东面靠近台湾最高峰玉山。由于山区气候温和，盛夏时依然清爽宜人，加上林木葱翠，是全台湾最理想的避暑胜地，也是台湾省的著名旅游风景区。

阿里山共由十八座高山组成，属于玉山山脉的支脉，相传以前，有一位邹族酋长阿巴里曾只身来此打猎，满载而归后常带族人来此，为感念他，便以其名为此地命名。

阿里山的日出、云海、晚霞、森林与高山铁路，合称阿里山五奇。见图 10.18。

图 10.18　阿里山森林火车

第五节　风土人情

一、香港特别行政区

香港，这个被誉为国际化的大都市保留着我国的传统文化，再加上本地的独特风土人情，这也是香港吸引人的原因之一。

（一）传统习俗

舞火龙是香港中秋节最富传统特色的习俗，是香港一年一度的盛事，2011年被列为第三批国家级非物质文化遗产，成为这个城市时尚与传统融合的标记。

舞火龙有着一整套的传统仪式。每晚启动前，要先由舞龙总指挥带领大家在村内的莲花宫中进行开光，过程是先以圣水洗净龙头，接着为火龙点睛，再为龙头插上不同的纸花球，挂上长红作结；开光仪式结束后，由主礼嘉宾剪彩，然后锣鼓一响，火龙启动，由超过三百名壮丁轮流接力带动火龙起舞，火龙身后还会跟随着花灯队和音乐团，让整个巡游更热闹、更有看头。整个巡游会经过浣纱街、京街、新村街等，之后再绕回浣纱街做一次拔香和插香仪式。巡游过程中还会有"火龙过桥"、"火龙缠双柱"、"彩灯火龙结团圆"等表演；表演结束后，舞龙健儿们会分得"龙饼"作慰劳，以及用作祈求平安的"龙香"作祝福。见图10.19。

图10.19　大坑舞火龙盛况

【知识拓展】

关于香港中秋舞火龙起源的传说

相传很久以前，大坑区在一次风灾袭击后，出现了一条蟒蛇，四处作恶，村民们四处搜捕，终于把它击毙，不料次日蟒蛇不翼而飞。数天后，大坑便发生瘟疫，这时，村中父老忽获菩萨托梦，说是只要在中秋佳节舞动火龙，便可将瘟疫驱除，事有巧合，此举竟然奏效。从此，舞火龙就流传至今。

香港人对赛马的热爱让人难以企及，平均投注额是全球之冠，而且香港人以赛马为荣。由于香港赛马一切收益均捐赠慈善机构、教学及环保集体，所以投注者对博彩失利通常毫不介意。同时打麻将、赌马和六合彩等博彩活动也深受欢迎。见图10.20。

图 10.20　香港赛马盛况

（二）特色美食

香港的鲜虾云吞面就像上海的小笼包一样，是不得不尝的美食杰作。云吞个个有婴儿拳头大，馅全部由完整的大个鲜虾做成。面条用鸡蛋面做成，口感筋道。汤面也十分讲究，要用猪骨、大地鱼干、虾皮熬制而成。具备了这些工艺，做出来的鲜虾云吞面才可称得上是正宗的港式云吞面。见图 10.21。

图 10.21　港味鲜虾云吞面

杨枝甘露是一种港式甜品，于 1984 年由香港利苑酒家首创。柚子拆成肉，芒果则切粒，拌在西米、椰汁及糖水中，雪冻后食用。有些甜品店更在杨枝甘露中加入杂果或燕窝。杨枝甘露的味道，又被制作成其他食品，例如，杨枝甘露蛋糕、杨枝甘露布甸、杨枝甘露雪条等。见图 10.22。

图 10.22　杨枝甘露

二、澳门特别行政区

经过了四百多年欧洲文化的洗礼，东西文化的融合和共存使澳门成为一个风貌独特的城市。

（一）传统习俗

谢灶是澳门保存下来最传统的中国年俗之一。腊月二十三日送灶神，澳门人谓之"谢灶"。澳门人按中国传统也用灶糖，即用糖糊灶神之嘴，免得其到玉帝面前说坏话。

澳门人过年从腊月二十八开始，腊月二十八日在粤语中谐音"易发"。除夕之夜，守岁和逛花市是澳门人辞旧迎新的两件大事。守岁是打麻将，看电视，叙旧聊天，共享天伦之乐；与此同时，澳门人还争相购买一些吉祥的花木迎接新春，现今已成为澳门年俗。

在澳门，天后庙殿随处可见。每年的农历三月廿三日为娘妈的诞生之日，居民都会到天后庙祈福参拜，举行隆重的祭奠活动。

每年的天后诞都有精彩的传统庆祝活动上演，包括龙狮表演、神功戏、抽花炮等。庆祝活动由诞期前夕开始，傍晚开始还神、还花炮；子时后人们上头炷香、拜神等；晚上在庙前空地搭上大戏棚，上演神功戏。

神功戏是中国传统的祭神习俗，是在庙前搭建大型的竹棚戏台，由戏会的代表于妈阁庙内进行祈福、开缘部、祈杯等开锣仪式后，请神入座看戏。见图 10.23。

图 10.23　澳门天后诞盛况

（二）特色美食

竹升面，又名竹升打面。打面师傅坐在粗粗的竹杖上，反复打压 2 小时，打出的面条细且具有韧性。澳门人对竹升面的热爱程度完全不亚于北京人对炸酱面、山西人对刀削面、四川人对担担面的热爱。通常竹升面与鲜虾大云吞、虾子（由干燥后的虾卵制成）

或蟹黄相配，拌匀后即可大快朵颐。见图 10.24。

图 10.24　竹升面

　　澳门得天独厚的地理位置，使得这里出产的水蟹肉质格外鲜美，不带任何腥味儿。把处理好的水蟹倒入煮开的粥底中慢慢熬煮，直至粥水变得软绵无米粒，蟹黄把粥水染得金黄，再撒上些许葱花点缀，一锅水蟹粥完成。用水蟹熬出来的老火粥又鲜又甜，鲜甜的蟹肉、饱满的蟹黄令人回味无穷。见图 10.25。

图 10.25　水蟹粥

三、台湾省

（一）传统习俗

　　台湾布袋戏是在明末清初从福建和广东传入的，在民间流传十分广泛，深受人们喜爱。台湾同胞在继承传统的基础上不断进行改革，使古老的布袋戏焕发出勃勃生机。见图 10.26。

　　台湾布袋戏以戏路、词调、乐调不同，分成不同的流派，主要有南管、北管、潮调、外江和歌仔调等。它们各具特色，相互影响渗透，逐渐形成了具有浓郁地方色彩且十分精美的民间戏曲艺术。

图 10.26　台湾布袋戏

　　放天灯是台北平溪一带重要的民俗活动。每年元宵节晚上施放。天灯又称孔明灯，相传是三国时代诸葛亮发明，至今已有近 1800 年的历史，其早期是互报平安的信号，现在已成为一种娱乐与祈福的活动。见图 10.27。

图 10.27　台湾民众放天灯

　　台湾还有"乞龟"习俗。每年元宵节一到，澎湖大小庙宇的供桌上，摆放着各种各样的"龟"，有糖和糯米粉捏塑的祈求平安的"芳片龟"，有用线面制成的含有长寿之意的"面线龟"，有以面粉与鸡蛋等原料制成的"鸡蛋糕龟"，有用黄金打制而成的"金龟"等。民众纷纷前来祭拜。"乞龟"，即通过祈寿获得神灵的默许后，"乞龟"人索得所乞之"龟"，以求得神灵保佑与恩赐。

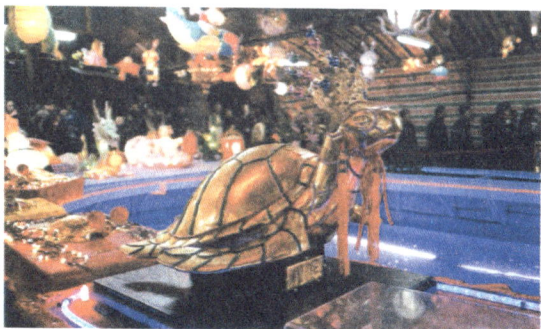

图 10.28　供桌上的"金龟"

（二）特色美食

锉冰，指以刨冰机锉出的碎冰，加上绿豆、红豆、粉圆、芋头、爱玉等可随意选择的配料后，再淋上糖水的冰品，在夏天食用相当沁凉舒畅。不过，相当懂得吃的台湾人，陆续开发出许多新的台式冰品，如利用水果制成的芒果冰、草莓冰等季节性冰品，不仅清凉消暑，又富有创意。见图10.29。

图 10.29　特色锉冰

姜母鸭是20世纪80年代后期在台湾流行起来的进补小食，将台湾特产的红面番鸭煮熟，取鸭肉和老姜（也被称作姜母），搭配上胡麻油、米酒、中药的药材包，混合放在客人面前熬煮，炭火更佳，好似鸭汤火锅一般。见图10.30。

图 10.30　姜母鸭

【思考与练习】
1. 简要概括港澳台地区的自然地理特征。
2. 想一想，港澳台地区的地缘优势都表现在哪些地方？
3. 简要介绍香港、澳门和台湾的空港概况。
4. 你知道香港都有哪些著名景点吗？择其一二试作简要介绍。
5. 结合所学知识，谈一谈你对澳门的总体印象。
6. 简要介绍台湾地区的旅游景点及其风土人情。

参考文献

[1] 谭惠卓.航空运输地理.北京：中国民航出版社，2015.

[2] 万青.航空运输地理（第二版）.北京：中国民航出版社，2016.

[3] 芦爱英，王雁.中国旅游地理.北京：高等教育出版社，2015.

[4] 杨桂芹.民用航空航线.CIQ 基础教程.北京：清华大学出版社，2013.

[5] 冯明远.空中丝路 南航领航 国家级民航合作红利：南航新疆国际航线发展提速.空运商务，2016（10）.

[6] 马菱.新疆维吾尔民族饮食文化旅游资源开发研究.新疆大学，2009.

[7] 粤港澳大湾区发展规划纲要：建设世界级机场群.空运商务，2019（02）.

[8] 旅游绿皮书：港澳台三地游将再度升温.空运商务，2009（18）.

[9] 朱雷.台湾民俗博物馆与文化记忆的传承.华东师范大学，2012.